Pepetela

O PLANALTO E A ESTEPE

Pepetela

O PLANALTO E A ESTEPE

Romance

LeYa

Revisão de textos **Tulio Kawata**
Capa adaptada do projeto original de **Atelier Henrique Cayatte**
Imagem de capa **© ImageZoo/Casa da Imagem**
Diagramação **Jonas M. Albano**
Foto do autor **© Jorge Nogueira**

Pepetela
O planalto e a estepe / Pepetela. – São Paulo : Leya, 2009.

ISBN 978-85-62936-09-8

1. Romance angolano (Português) I. Título.

09-11144 CDD-869.3

Índices para catálogo sistemático:
1. Romances : Literatura angolana em português 869.3

2009

TEXTO EDITORES LTDA.
[Uma editora do grupo Leya]
Av. Angélica, 2163 – Conjunto 175
01227-200 – Santa Cecília – São Paulo – SP – Brasil
www.leya.com

Nota Prévia

A estória aconteceu.
No essencial, mais ou menos como se conta.
As personagens são de ficção.
Todas.
Mesmo aquelas que fazem lembrar alguém.

Para a Suren
Em memória do Piricas

OS ROCHEDOS DA TUNDAVALA

Os olhos dele continham o céu do Planalto.
Na Huíla, Serra da Chela, Dezembro, quando o azul mais fere.
Nos olhos dela estavam gravadas suaves ondulações da estepe mongol. Tons sobre o castanho.
Entremos primeiro no azul.

A minha vida se resume a uma larga e sinuosa curva para o amor.

Começando por um caminho longo até Moscovo.

Não vos contarei todos os detalhes dessa viagem. Houve outras, também importantes, houve mesmo muitas viagens. Mas essa primeira viagem em arco amplo e súbitos desvios demorou mais, começou na Huíla, Sul de Angola, quando fui parido.

Nasci no meio de rochedos. A casa, porém, era de adobe.

Casa de adobe com rochedos à volta. Título de quadro?

Era muito duro fazer uma casa de pedra, como na aldeia de Trás-os-Montes onde o meu pai tinha nascido. A minha mãe era já de algumas gerações huilanas e nascera numa mais pequena que a nossa. Por isso se construiu a de adobe, quando casaram. Os dois, com a ajuda de um serviçal muíla, chamado Kanina, nome de soba grande, ergueram a moradia, usando o barro de uma baixa sempre húmida para fazerem blocos secos ao sol. Primeiro teve capim como cobertura. Depois chapas de zinco. Finalmente telhas.

Houve progresso.

Nasci na fase intermédia, das chapas de zinco. Na do capim tinha nascido a Olga, minha irmã mais velha. Depois, já na de telhas, nasceram o Zeca e o Rui, meus mais novos. Só eu tive direito, ao ser atirado para o mundo, a ouvir chuva batendo em chapas de zinco. Foi mesmo a primeira música que aprendi a ouvir. Os ritmos variam, conforme a nuvem de chuva é mais grossa ou menos espessa, ou conforme a força e direcção do vento. Até conforme a temperatura da água. Músicas diferentes de gotas batendo no zinco, quem pode esquecer? Bebé eu era e estendia as mãos para o tecto, talvez para agarrar a música da chuva. Contaram mais tarde os meus pais, sorrindo. No entanto, essas lições da primeira infância não tiveram importância nenhuma para o resto da estória, pois sempre fui péssimo em música, duro de ouvido. Acabei mesmo meio surdo, mas isso foi mais tarde, por causa dos tiros e rebentamentos.

As guerras não perdoam.

Construíram a casa sobre terreno cedido pelo meu avô materno. O casal queria moradia independente e ali eram terras virgens, já fora do perímetro urbano. Façam a casa para lá, indicou o meu avô com gesto largo. O avô tinha gestos amplos, se tratando de terra, espaço. Como os muílas, na sua secular sabedoria. E o meu pai aproveitou do gesto, escolheu o melhor sítio e depois foi plantando árvores de fruta e fazendo hortas. Até erguer uma vedação. Eu já era miúdo e ajudei na vedação, imitando a Olga. O avô tinha entretanto morrido e os outros filhos dele não se opuseram. No fundo, o terreno ficou para a minha mãe, como herança não estabelecida, no meio de algumas hortas com cubatas. Aquele terreno nunca fora utilizado para nada, esquecido no caminho da Tundavala, fantástica fenda de mil metros na montanha, fenda sorvedouro de sonhos e presságios. Não se tratava de lendas antigas portadoras de ameaças nem de estórias de feitiços e mortos injustiçados, como há tantas por aí contaminando lugares. Apenas não era local utilizável e os pastores tradicionais preferiam outros e não aquele sítio meio perdido como passagem. Ainda menos para pastagem dos bois.

Bois tivemos nós, primeiro um par, depois os que foram sendo paridos. Em miúdo, o Kanina ensinou-me a pastorear bois. Acordava com o sol, levava primeiro o gado para o pasto, me lavava rapidamente e corria depois para a escola, a quase uma hora de marcha. Não cansava, distraía. No fim das aulas, os bois estavam à minha espera onde os tinha deixado, de barriga cheia, pois o capim era farto. Ao entardecer, havia que os pôr no cercado feito de paus cruzados e arbustos. Como nos eumbo* tradicionais. A diferença é que o nosso curral ficava afastado da casa, evitando as moscas, enquanto os eumbo são constituídos de várias cubatas, onde moram as pessoas, em volta do cercado dos bois. Os bois no Sul são valiosos, ficam no centro.

Os bois são o centro das habitações e das vidas.

Mas antes de guardar o gado, tinha tempo de brincar. A Olga era uma menina muito agarrada à casa e os meus irmãos eram pequenos. Preferia ir brincar com os miúdos das redondezas, que moravam nas cubatas dispersas ao lado de hortas. Eles não iam à escola mas sabiam muitas coisas para me ensinar. Eu também a eles. Caçávamos pássaros com chifutas** de borracha, mergulhávamos na lagoa azul perto da estrada, contávamos estórias, ríamos, formávamos um bando unido. No tempo certo, apanhávamos mirangolos às carradas. Eram frutos vermelhos no começo, roxos quase

---

* Eumbo: residência típica dos Handa, um povo que vive sobretudo nas províncias do sul de Angola. (Nota da Edição Brasileira)

** Chifuta: estilingue. (N. E. B.)

pretos quando maduros, nascidos em arbustos do tamanho de uma pessoa. Comíamos até termos dor de barriga, o resto levávamos para as casas, onde as mães faziam compotas espantosas porque os mirangolos são simultaneamente doces e ácidos. É a melhor compota do mundo, venham os sabichões contar o contrário. Os pais dos meus amigos trabalhavam na cidade, geralmente como criados nas casas dos brancos, ou nas chitacas* maiores, também dos brancos. As mães ficavam nas cubatas a tomar conta das crianças e a tratar da chitaca, normalmente muito pequena pela falta de braços, produzindo apenas milho, legumes e fruta para a família. As mulheres pisavam ainda o milho nas covas dos rochedos ou nos pilões e faziam a comida, peixe seco com funje de milho. Só em dias de festa grande comiam carne. De boi muito raramente, de cabrito mais frequentemente. Vinha gente de todos os lados para comer a carne de boi nas festas grandes, casamento ou óbito.

Dois do meu bando eram filhos do Kanina, João e Job, mas ele tinha outros, ou muito grandes ou pequenos de mais. Nunca reparei na cor da pele deles, quente como a minha.

O valor da pele é o seu calor.

No entanto a Olga, sempre atenta aos meus passos, um dia me chamou a atenção para as diferenças:

– Devias brincar com os teus colegas de escola e não com esses.

– Porquê?

– Porque eles são pretos e nós brancos.

– E então?

– Os pais não acham bem.

Os meus pais nunca tinham dito nada, nem mesmo com os olhos. Mandaram a Olga dizer? Ou foi só uma boca dela? A Olga tinha a mania de irmã mais velha, sabem como é.

---

* Chitaca: sítio, chácara. (N. E. B.)

Metia-se na vida dos mais novos.

Continuei porém a brincar com os meus amigos. À volta de casa não tinha outros. Mas não gostava deles por isso. Gostava por serem meus amigos verdadeiros, me lembro deles quando era muito pequeno e crescemos juntos. Tinha outros amigos, alguns companheiros de escola. Brancos, quase todos. Um ou outro mestiço. Não me lembro de nenhum negro na escola. Mas devia haver, pois se dizia Salazar construiu uma Angola multirracial. Bem, nessa altura nem percebia ideias nem palavras tão complicadas. O certo é ter os amigos das redondezas, com eles jogava futebol e caçava sardões ou pássaros e apanhava fruta. Só hoje sou capaz de reparar terem cores diferentes dos outros da escola. Na época éramos todos iguais, julgava eu.

Não éramos afinal, havia racismo.

Olga era racista, desde pequena dizia, não gosto nada de negros. Devia ter ouvido os colonos vezes sem conta com afirmações desse género e aprendeu a frase. Acho, começou a repetir como um papagaio antes de a perceber. Eu só mais tarde percebi. Não gostei. Mal sabia eu! O racismo havia de me perseguir a vida inteira, como vos explicarei.

Se tiver tempo.

O tempo é um atleta batoteiro, toma drogas proibidas, corre mais que todos. E quanto mais o quisermos agarrar, porque resta pouco, mais ele corre. Por isso são sábios os velhos dos kimbos,* nunca querem agarrar o tempo, deixam-no passar por eles, as peles devem ser rugosas e o tempo entranha-se nelas, deslizando com mais dificuldade. Entranha-se mesmo nas peles das mulheres velhas tratadas diariamente com leite coalhado e óleos tirados de sementes especiais para ficarem macias. Se elas usam a sabedoria

---

* Kimbo: aldeia. (N. E. B.)

dos anciãos, as peles lisas pelo leite e óleo têm no entanto entalhes, escarificações, travando a corrida do tempo. Nós achamos ser superiores, modernos, vivemos em cidades, porém não sabemos nada disto. O tempo goza com a nossa estúpida vaidade, passa por nós como um foguete, nos torna seus escravos. Os velhos dos kimbos não correm atrás, antes ficam parados contemplando as diferentes manchas de uma vaca, distinguindo uma de outra, assim conhecendo toda a manada, a sua e as dos vizinhos. Ficam a ver as formigas fazendo carreiros no solo seco ou os pássaros sulcando riscos no espaço. Tantos riscos desenham os pássaros no espaço! Só é preciso saber ver.

Então, o tempo passa devagarinhovagarinho, como uma solitária gota de chuva se desprendendo com dificuldade de uma folha da árvore mutiati.

Éramos crianças e corríamos à volta da lagoa. Aos domingos, depois da missa, pedíamos boleia no sô Rodrigues, comerciante da loja mais perto da casa, que nos levava de camioneta até à zona da Tundavala, onde ele tinha uma lavra grande. O resto do caminho fazíamos a pé. Ainda era longe, sobretudo o campo das estátuas. Se tratava de rochedos, grandes e pequenos, mas muitos, os quais indicavam a aproximação da fenda. Para nós eram estátuas, pareciam talhadas de propósito, algumas quatro vezes a altura de um homem. Cada pedra era diferente e alguns dos meus amigos conheciam quase todas. Diziam, agora vamos passar pelo elefante adormecido, depois era a vaca a parir, depois a mãe de um de nós a soprar na fogueira, depois o cão de cinco patas, a camioneta invertida, enfim, cada rochedo tinha o seu nome escolhido pela aparência, e eram centenas, que digo eu, talvez milhares. Levou anos e anos a darmos nomes àqueles rochedos todos. Às vezes havia discussões sobre os nomes, nem sempre estávamos de acordo.

A memória prega partidas, como a vida.

Vivi sempre com muitas pedras à minha volta. É bom ter pedras na vida. Sobretudo lembrar as que se teve. Nunca poderia esquecer o campo das estátuas. Muito menos agora. Os rochedos indicavam a direcção. Havia depois uma pequena planície com flores de muitas cores no tempo da chuva. E estávamos na fenda sem quase dar por isso. Já viram uma montanha cortada a pique, em cima o verde do planalto, em baixo o amarelo do deserto? É quase assim. Só não é exactamente assim porque no meio há o Morro Maluco, o qual corta de verde e castanho o amarelo do deserto, lá em baixo. O deserto leva para o Namibe, o grande Sul que alguns chamaram Kalahari. Com muitos bois pelo meio.

Tive pedras na minha vida e tive bois. Uma sorte.

Não íamos só à fenda da Tundavala aos domingos. Também jogávamos futebol e mais tarde começámos a nos meter com as miúdas. Ficava complicado: umas eram irmãs dos amigos. Não dava para perder o juízo. Já tínhamos aquela idade em que se rouba dinheiro para comprar cigarros e fumar às escondidas. Eu contribuía mais que os outros com os cigarros, o meu pai era rico ao pé dos deles. Ou menos pobre, talvez. Francesinhos, Jucas, Negrita, algumas marcas dos mais baratos. Sô Rodrigues no princípio não queria vender, e se os vossos pais sabem? Íamos comprar a lojas mais longe, próximas da cidade, e ele fazendo contas, fazendo contas. Perdia para as outras lojas. Engoliu os escrúpulos, passou a vender, até nos dava um de esquebra se comprávamos dez. Nos escondíamos no meio do milheiral para fumar.

O fumo escondido sabe melhor.

Kanina um dia apanhou-nos. Sentiu restolhar no milho alto. Pensou ser um bicho, talvez onça, quem sabe leão. Corajoso, avançou à altura das espigas já quase maduras, o punhal da tradição em riste. Quando ouvimos, já era tarde. Ainda por cima um de nós tinha derrubado dois pés de milho, não havia espaço para tantos rapazes sem se criar involuntariamente uma pequena clareira. Foi talvez o que o enfureceu mais. Pelo menos, foi isso que queixou no meu pai, os miúdos mataram dois milho. Os filhos apanharam castigo à noite, em casa. Não por estarem a fumar, mas por se esconderem e estragarem o trabalho dele. Não fui castigado, o meu pai não considerou importante dois pés de milho, para a próxima vez não brinquem no milheiral, têm tanto espaço.

O meu pai era pessoa compreensiva.

Olga não acreditou na estória. Interrogou o Kanina, que brincadeira era essa dos miúdos no meio do milho. Que não era brincadeira, não, menina, eles só estavam a fumar. Olga foi queixar no meu pai, o Júlio e os outros estavam a fumar no meio do milho. Quando eu era miúdo também fazia cigarros com barba de milho, disse candidamente o meu pai. Saudades. Olga ficou sem fala. Kanina não lhe explicara que tipo de cigarro fumávamos, os argumentos dela se esvaíram como o fumo das queimadas no céu do planalto.

Fumar barbas de milho não era pecado.

Pecado era roubar dinheiro para comprar cigarros da loja. Sabedoria do meu pai, pelo menos foi isso que entendi então. Nada mau como ensinamento moral. Melhor que os do padre Mateus no catecismo. Passámos a ir todos juntos, depois da missa. Adeus Tundavala, agora tínhamos catecismo. A Olga lembrou à minha mãe no devido tempo, eu já tinha idade. E o Kanina achou bem que os filhos fossem também, éramos da mesma geração. Os outros amigos do grupo, mesmo sem serem pressionados pelos pais, também acompanharam. Por solidariedade. Não se queixaram da chatice tremenda do catecismo depois da missa. Era Deus a mais, Jesus Cristo a mais, pecados a mais, tristeza de mais. Eu enjoava essa demasia toda e queixava. Os meus amigos no entanto sorriam, de olhos no chão. Tinham querido ir apenas pela amizade, os pais deles não se aproximavam da igreja e por isso não os obrigaram. Eles não tinham portanto o direito de reclamar, sendo voluntários.

A solidariedade é um dom.

Ficava tarde para ir à Tundavala depois da missa e do catecismo, mesmo se as boleias não faltavam. Nos conformávamos com uns mergulhos na lagoa, evitando a parte dos caniços, do lado direito de quem vai para a cidade. Nessa parte, o chão estava pejado de pontas perfurantes, cortavam os pés. Também se dizia, nessa parte mais escura, se acoitavam seres estranhos, os seres malfazejos das águas paradas. Por vezes engoliam cabritos, cães, crianças. Nunca soube de nenhuma criança desaparecida na lagoa. Mas se dizia. Talvez tivesse acontecido em outras eras antigas e ficou a recordação. Portanto não íamos para a parte dos caniços. Nadávamos em águas pouco profundas e o chão era de areia. Não se notava na época das chuvas, com a lagoa cheia. Mas na estiagem, a água recuava e ficava uma praia de areia branca.

Foi a primeira praia da minha vida.

Vi depois outras, em várias partes do mundo. Vi de areia amarela, fina e grossa, vi de rochas negras, vi de calhaus cinzentos, vi de areia branca, muitas. Mas nenhuma de uma areia tão branca, até brilhava ao sol e fazia chorar.

O Paraíso só podia ser uma praia de areia branca.

Mas era difícil chegar ao Paraíso. Pelo menos o padre Mateus não facilitava. Todos estávamos devidamente condenados ao Inferno, pecadores que éramos. Quanto mais nos esforçávamos, mais nos enterrávamos no Inferno, vãos eram os gestos e as rezas. Mesmo depois da comunhão e de todas as confissões. Comparávamos as confissões de uns e outros, entre nós não havia segredos. As confissões eram todas iguais. Iguais também os castigos. Três Ave-Marias e dois Padre-Nossos, ou o inverso, tanto fazia, ia dar tudo à inutilidade, ao Inferno.

Sobretudo depois de ter ido às putas.

Duas irmãs que moravam numa cubata à entrada da cidade recebiam os estudantes. A cubata era no meio dos eucaliptos por trás do liceu, bem camuflada por ravinas e árvores. Os estudantes geralmente iam aos pares. Fomos também formando par, mas aceitaram só a mim e não ao que era da cor delas. Foi o que me disseram da primeira vez. Tu está bem, que és branco, mas ele não. Ele era o filho mais velho do Kanina, o João. Tínhamos dinheiro para os dois, dinheiro que levei tempo a roubar na máquina de costura da minha mãe, aos poucos. Mostrámos o dinheiro. A que me tinha interessado, talvez por ter o lábio debaixo atravessado por uma cicatriz clara, sorriu, tu podes, vem comigo. Ele não, disse a irmã. O dinheiro é igual, disse o João. Pois, mas a cor não é, disse a irmã.

Racismo? De negro para negro?

A minha era muito jovem. Ensinou-me a fazer sexo. Eu só queria provar, mas não sabia como, apesar das lições dadas por amigos experientes. Ela foi paciente, depois até gostou, disse-me. O João ficou fora da cubata, a dar pontapés nas árvores, furioso e impotente, o inútil dinheiro na mão. Esperou no entanto por mim. Demorei, porque quis mais. Como é a tua primeira vez, podes repetir sem pagar de novo, disse a puta, mas só desta vez. Fizemos e eu ainda gostei mais. Ela também, confessou. Acreditei, sempre fui crédulo. De facto ela estremeceu, senti os estertores no corpo dela mas estava no céu, podia ser um sonho. No fim perguntei, mas como recusas um da tua cor? Porque se um branco souber que me deitei com um negro, não vai querer se deitar mais comigo. E os brancos é que têm dinheiro.

Racismo, sim, mas dos brancos.

Os brancos é que tinham dinheiro. Isso era verdade. Estávamos situados no fundo da escala social entre os brancos, chicoronhos, o que era uma corruptela sem maldade de colonos. Já o termo mapundeiros era ofensa usada pelos outros brancos contra nós, por a nossa zona ser a Mapunda, onde se refugiavam os mais miseráveis dos brancos. No entanto, éramos ricos se comparados com os negros, nossos serviçais. Vendo bem hoje, havia negros que tinham manadas de bois, mas esses viviam nos seus eumbo e não se misturavam com os brancos. Viviam as suas vidas, a igreja é que ia ter com eles para os desencaminhar das suas práticas feiticistas. Diziam os padres. Se fizéssemos contas aos bois, os donos das manadas eram muito mais ricos que o meu pai.

Fora da área da cidade, as contas eram outras, não dá para comparar.

Fui várias vezes a essa puta. Sozinho. Um dia encontrei o Arnaldo, meu colega no liceu, a sair da cubata dela. Fiquei furioso. Ciúmes, era verdade. Sabia, ela era uma puta. Mas nunca tinha visto ninguém sair da casa dela, partilhar os favores da puta se tornara uma ideia abstracta. Agora não, era a sério, concreto. Arnaldo sorriu, é bem boa, disse ele. Concordei, armado em perfeito conhecedor. Amargo dentro, cortês por fora. Ela me recebeu muito satisfeita, gostava de mim. Aquele teu colega não dá nada, quase ia dormindo, a coisa dele é muito pequena, confidenciou. Comigo ela estremeceu de gozo, ou parecia.

Eu era feliz, fazia as putas gozar.

Uma semana depois, o Arnaldo veio ter comigo no recreio das aulas, aquela puta pregou-me um esquentamento, fui ao médico, confirmou, receitou umas injecções fodidas, doem pra burro. Como sabes que foi ela, perguntei tentando defender a minha dama, tão asseada ela parecia, se lavava numa selha sempre depois. Aliás, ao cruzar com Arnaldo, estava ela na selha quando entrei na cubata. E cheirava bem, cheirava a mato.

O melhor cheiro é o do mato.

– Não estive com outra faz meses, portanto só pode ter sido ela a passar-me o esquentamento – disse o Arnaldo. – Tu não sentes nada?

– Não, está tudo bem.

Depois pensei, sem querer ferir o colega, ele apanhou a doença porque não a fez gozar, tem aquilo muito pequenino, o merdas. O que constava era exactamente o contrário, os esquentamentos são apanhados quando elas gozam, conforme me tinham ensinado os mais velhos. Tretas. Ela gozou comigo e não me passou a doença. Será? Ainda havia tempo, talvez numas pessoas demore mais a se manifestar. Tive calafrios durante uns dias. Como dizer aos pais que devia ir ao médico porque o sexo me doía e ardia e estava a deitar pus? Iam logo perceber. Vinham as confissões, e até iam descobrir onde arranjava o dinheiro. Uma tragédia. Lavava constantemente o sexo com sabão, como se adiantasse. Não me aconteceu nada, mas nunca mais procurei aquela puta que tinha uma cubata no meio dos eucaliptos, perto do liceu. E uma racha antiga no lábio inferior, o que lhe fazia um sorriso lindo. Tive saudades, oh, se tive.

As saudades não vencem o medo.

Os pais faziam sacrifícios para me sustentarem até terminar o liceu. Depois se veria. O meu pai era ambicioso. Nunca tinha podido estudar grande coisa. E como eu era o melhor aluno entre todos os irmãos, ele decidiu, este vai ser doutor. De qualquer coisa, mas doutor. Nunca se queixava de falta de dinheiro quando era preciso comprar livros ou roupas melhores para ir ao liceu. Desde que tivesse boas notas... E eu tinha. Fazia as minhas escapadelas para correr pelos campos ou fumar ou jogar futebol ou ir às putas, mas estudava nas horas vagas. E, de vez em quando, ainda ia apascentar os bois. Era um bom filho, dizia ele. E de facto era, acho eu.

Bom filho e bom amigo, pois nunca esqueci os meus.

Apesar de analfabetos e dispersos pela exigência dos empregos, por vezes conseguíamos estar todos juntos a conversar ou a comer fruta. Era o que havia mais na chitaca: maçãs, laranjas, sape-sape, tangerinas, nêsperas, morangos, goiabas, era só apanhar e comer. E havia sempre coisas a aprender com os meus amigos. Domingo à tarde íamos à cidade, passear no Picadeiro. Assim chamavam à rua principal, que se enchia de gente a andar para lá e para cá na tarde de domingo. Havia algumas cervejarias e pastelarias e as pessoas com dinheiro paravam nelas para lanchar. Nós do bando da Mapunda não tínhamos dinheiro para uma Carbosidral, maravilhosa gasosa feita de maçã, e uma sanduíche ou um prego no pão. As meninas preferiam bolos com muitos cremes. Nós só olhávamos as mesas apinhadas. Muitas caras eram de conhecidos meus, colegas do liceu. E quando nos viam, as meninas riam, lá vai o branco mapundeiro com os seus negros. Poucos eram os negros que se aventuravam ir ao Picadeiro no domingo.

Um branco com amigos negros era um branco estranho, malvisto. Subversivo.

Salazar não gostava dos subversivos e Salazar tinha muitos seguidores na cidade. Um dia dois homens com chapéu cinzento na cabeça encostaram-me a um canto do liceu. Então és tu o bolchevique amigo dos pretos... Só percebi uma coisa, me acusavam de ser amigo dos pretos, o resto para mim era chinês. Mas eu não era amigo dos pretos por serem pretos, nem via bem as cores nem as cores têm importância. Era amigo dos meus amigos, isso sim. Eles não entenderam o que tentei explicar. Estamos de olho em ti, vê se tens juízo.

Os adultos querem sempre os jovens com juízo. Se for preciso, enfiam o juízo na cabeça dos jovens à porrada. O problema é que os juízos variam, não são sempre os mesmos.

Aqueles tipos ficaram só pelas ameaças. Sabia, o meu pai não conseguiria explicar o que eles queriam nem aquela palavra feia que me chamaram. Falei ao padre Mateus, o qual coçou a cabeça, na obrigação de ajudar uma ovelha do seu rebanho mais tresmalhada do que nunca. Não lhe saiu nenhuma ideia válida, apenas me aconselhou a rezar muito e a arrepender-me dos numerosos pecados. Foi a última vez que o procurei. Também não voltei à missa dele. E disse ao João, acho que não acredito em Deus. João era, de todos, o meu maior amigo. Assustadiço, arregalava constantemente os olhos brancos, imensos. Teve medo do que lhe disse. Era uma ideia estranha, pesadíssima, peso de mais para a coragem dele. Como podes não acreditar em Deus?

Deus ouvia a nossa conversa, ouve todas, mas desta vez ficou calado.

E eu expliquei ao João, se Deus existisse, já me tinha lançado um raio em cima porque estou a mandar bocas contra ele. E se existisse não aceitava ser representado por um padre tão burro como o Mateus. João fez o sinal da cruz e bateu com a mão na boca. E Deus não deixaria que dois matulões de chapéu encostassem um rapaz de quinze anos à parede para lhe chamarem um nome feio e amigo dos pretos. Então tem mal ser amigo de pretos? Onde está Deus no meio disto tudo? É melhor que não exista. Porque, se existir, então é um filho da puta. O João fugiu, tapando os ouvidos, com medo de ouvir mais heresias. E eu não tinha com quem falar disto tudo. A Olga, essa estava mesmo fora de questão.

Um rapaz só, assim me julgava eu.

Mas eram mesmo só bocas. Depois fui esconder-me para rezar e pedir perdão a Jesus Cristo pelas blasfémias proferidas. Fiquei calmo, mas sem resposta à minha pergunta. Que mal tem ser amigo de pretos? O João está em pecado por ser amigo de um branco, eu, na ocorrência? O padre Mateus saberia responder a esta questão, pelo menos? Duvido. No entanto, esta era uma questão simples a que até eu sabia responder: o João devia ser amigo dos brancos, era obrigado por lei e pela Igreja a ser amigo dos brancos, senão levava porrada. Os brancos é que não deviam ser amigos dos pretos. Não há equilíbrio na vida. A ideia da reciprocidade é uma falácia para enganar parvos. Eu já estudava Filosofia e tinha obrigação de perceber o conceito. Mas era novo de mais, fiquei-me pela pergunta, não cheguei ao conceito de desigualdade natural entre seres humanos.

O homem só gosta da diferença, sobretudo a que o favorece.

O meu professor de Filosofia era outro padre. Mas deu para perceber a diferença. Até na cor, pois este era de origem indiana, família de Goa. Porém, não me refiro a essa diferença. Quero falar da inteligência e das ideias. Cedo se mostrou um professor diferente dos outros. Secretário do bispo do Lubango, não dava aulas para sobreviver, dava aulas porque queria ensinar. Um dia disse, quero ensinar-vos a pensar. Desesperava, nós não pensávamos senão na bola e nas miúdas. Pelo menos os meus colegas. Quanto a mim, disse um dia, nada tenho a perder, vou falar com ele. Apanhei-o à saída das aulas. Do liceu até ao bispado era relativamente perto e no caminho para casa. Ele autorizou a minha companhia, até disse ter muito prazer nela. E lhe perguntei com todo o descaramento o que aqueles dois homenzarrões eram e o que diziam. Quanto a bolchevique, era simples explicar, os comunistas russos assim se chamavam e ele até me podia explicar porque mais tarde, mas importante agora era isso de ser amigo ou não dos pretos e insistiu, Jesus Cristo disse para sermos todos irmãos e eu fazia muito bem em ser amigo de todos, não havia nisso pecado, antes pelo contrário, pecadores eram os que diziam só os pretos podem ser amigos dos brancos, não o inverso. Esses são racistas e são colonialistas.

A palavra nova estoirou em mil relâmpagos de luz na minha cabeça.

Fiz o professor repetir e ele disse, não confundas com colono, chicoronho, isso é outra coisa, são apenas pessoas que vão para outras terras, neste caso os que vieram de Portugal para cá porque lá morriam de fome. Colonialistas são os que querem que os africanos sejam sempre inferiores, sem direitos de gente na sua própria terra. Era um padre avançado, afinal lhe tinham despachado de Goa porque defendia a ideia subversiva que a Índia devia ser para os indianos e não devia haver colónias lá, sobretudo depois de o império britânico ter ido para a sarjeta, de onde nunca devia ter saído à nascença, aliás. Disse também, os mesmos homenzarrões que te ameaçaram no outro dia, ou colegas deles, estão sempre a vigiar-me, talvez neste momento estejam a espiar-nos atrás de uma árvore. Não tenhas medo, continua a ser como és, Jesus vela. E eu arrependido por ter dito ao João que Deus era um sacana ou pior, afinal havia padres que me podiam dar razão e dizer a Jesus para tomar conta de mim. De certeza que Jesus ouvia este padre e seguia os seus conselhos.

Falámos mais vezes. Cochichando verdades. A minha cabeça crescia.

A cabeça cresce com as verdades que nela entram.

Nunca falei ao professor das minhas experiências com putas. Tenho pena hoje. Talvez ele tivesse compreendido. Jamais falei do assunto com um padre, porque deixei de me confessar e de ir à missa. Este meu professor era um padre diferente, era único. E comigo não tratava como padre, mas como professor. Confidente. Dou um salto no tempo e explico desde já, não durou muito como professor nem como secretário do bispo. Os homenzarrões de chapéu obrigaram-no a partir para o Vaticano e por lá ficar a envelhecer e fazendo estudos de Teologia. Até se perder e esquecer que havia vida no universo.

Os homens bons duravam pouco na nossa terra.

A diferença entre colono e colonialista durante muito tempo trabalhou a minha cabeça. E me entretive a colar rostos aos nomes. Por exemplo, a minha mãe provinha dos primeiros colonos vindos da ilha da Madeira que fundaram o Lubango. Os avós dela viveram nos barracões, perto do campo de aviação, hoje aeroporto. Do outro lado da cidade. Uns miseráveis, como ela contou, chamados pela gente da terra chicoronhos, angolanizando a palavra colono. Os filhos e os netos de alguns mudaram de vida, cresceram como negociantes ou agricultores, alguns chegaram a doutores. A família dela se mudou para este lado, teve campos não cultivados, os que o meu avô abarcava com um gesto largo do braço. Mas eram terras de ninguém e não valiam nada. Por isso sempre foram chicoronhos pobres, pior, mapundeiros. No entanto, Olga, a minha irmã, quanto mais crescia mais se tornava colonialista. Como aqueles brancos todos que se riam de nós no Picadeiro aos domingos e gostariam de nos expulsar da cidade, das suas vidas. Colonialistas!

As palavras pesam como o ouro. Porém, algumas brilham com a sua clareza.

Brilhante fui eu nos exames de fim do liceu. Com tais notas, o meu pai obteve facilmente uma bolsa de estudos da Câmara Municipal para poder continuar. Não havia universidade em Angola, os colonialistas nunca tinham querido, para manterem a terra no atraso, como me tinha explicado o professor de Filosofia. Devia ir para Portugal. A ideia arrepiava-me. Deixar tudo? Não era muito, talvez, mas era tudo. Sonhos, amigos, família, terra, bois, cheiros, mato, rochedos, sabores, verde. Não sei se pensei em tudo isso no momento ou se é agora apenas que a ideia me vem. Pouco importam os detalhes. Ia enfrentar o desconhecido, pisar outra cidade. Nem tinha conhecido Moçâmedes, que hoje chamam Namibe, e está ali ao pé do mar. Viver em Lisboa, a capital do império? Ou Coimbra, a cidade dos doutores imitando corvos nas capas pretas? Metia realmente medo. Sabia, ia encontrar pessoas conhecidas, colegas do liceu, alguns tipos bons, outros umas alimárias. João procurava animar-me, estudas e depois voltas como doutor, qual é a maka?

Também ele tinha dado um salto na vida, pois era criado no Grande Hotel. Com farda branca, muitas vezes lavada e engomada. Kanina estava cheio de orgulho no filho, trabalhava bem e não arranjava confusões. O irmão mais novo, Job, era mais rebelde, refilão, como queixava o pai, tinha sido despedido do emprego por recalcitrar com o capataz branco, o qual sabia menos do trabalho que ele, afirmava com raiva Job, todo saliente nos seus dezasseis anos. Job era como eu, desde pequeno avesso a ordens que não compreendesse. A diferença entre nós não era por eu ter estudado, era pela cor. A minha cor permitia certas rebeliões, a dele não. Kanina insistia em explicar as virtudes da submissão, como ensinava o padre Mateus, mas Job não aceitava. Se fosse ele, eu também não aceitaria submissões. Por isso, quando começou a grande revolta no Norte, em 1961, os colonialistas armados em milícias de autodefesa correndo pelas ruas desertas da cidade lhe deram um tiro numa noite, no ano seguinte à minha partida. Que tinha pose de terrorista, foi a desculpa para o assassinato.

Há sempre quem aceite uma desculpa, mesmo não sendo boa.

O silêncio caiu sobre ela.

No momento da partida, todos lá em casa choravam. Menos eu e a Olga. Não devia ser pelas mesmas razões. Olga nunca chorava, mesmo ao se queimar acendendo o fogo, ou se um espinho lhe rasgava a carne. Era uma moça dura, feita para mulher de colono de chitaca, obrigada a partir pedras e a desenterrar árvores seculares. Eu tinha vontade de chorar, mas os olhos estavam secos, cheios de visões de desertos. Antevia coisas? Sabia, a vida nunca mais seria igual. Acontecesse o que acontecesse, era um passo definitivo, um mudar de página. Há gente que não se apercebe de quebras de tempo ou de espaço. Ou de vida. Ali estava uma fenda tão grande como a Tundavala. Mas era uma fenda na minha vida. Adivinhava. Por isso os olhos secos. Lagrima-se quando um acontecimento tapa a visão, a dor domina o cérebro, as barreiras permanecem obscurecendo tudo. Então as águas saem, se soltam na escuridão. Quando uma pessoa adivinha o que está para vir, os olhos desfilam sobre desertos, pedras, planuras, florestas ou estepes, pinturas pontilhistas, aquilo que se sabe estar perdendo corre mais rápido que o tempo. Sensação de perda, olhos na planície ondulando. A infância? A inocência? O professor de Filosofia podia esclarecer, mas já não estava ali.

Sem eu saber, tinha começado a viagem até Moscovo.

A GRANDE VIAGEM

Prometi, cumpro: pouparei detalhes, irei aos factos.

Apanhei o barco em Moçâmedes, hoje Namibe, atraquei enjoando no Lobito, no dia seguinte, e no imediato em Luanda, e dois dias depois em S. Tomé, até só parar na ilha da Madeira e em Lisboa. Terminou finalmente o enjoo, não nasci para marinheiro, rapaz do interior e do Planalto. Passei por muitas cidades em onze dias, sem conhecer realmente nenhuma. Imagens fugazes, tons e cheiros diferentes. Lobito tinha uma linda restinga, praia de casuarinas na areia branca, tão branca como a da minha praia de montanha. Luanda ostentava a esplêndida baía fechada e o vermelho das barrocas, S. Tomé era uma festa de todos os verdes, a Madeira um presépio pelas montanhas iluminadas, Lisboa bué de casas, algumas altas, e um rio manso. Não parei aí, fui fundear em Coimbra, numa casa de estudantes a que chamavam "república". Tudo arranjado pelo meu pai à distância, nem sei como. Foi a família de lá, prestimosa certamente. Eu tinha as coordenadas todas escritas, bastava seguir o roteiro. O roteiro só não ensinava como me comportar no meio de estudantes, eu que nunca tivera grandes amizades nesse meio, mais virado para o mato e meus amigos de chitaca. As aulas eram bem chatas, Anatomias, Fisiologias, Biologias, tudo para aprender de cor e pouco para perceber. Foi rápida a percepção de estar no curso errado. Doutor sim, mas não de andar cortando corpos ou adivinhando doenças. Nada a fazer, a bolsa era para aquilo.

Quando se faz o indesejado, só resta sonhar.

A medieval capa e batina negra dos estudantes, além de incómoda, não chegava para o frio que fazia. E eu estava habituado a ele, pois em Julho e Agosto no Lubango o frio sopra. Mas é diferente, frio seco. Frio de dois mil metros de altitude. Frio de imensidões em volta. Não o frio acanhado da Europa, acanhado e pequeno, assobiando por vielas e escadas de pedra, húmido de pedras que choram saudades e tragédias.

Chorava à noite. Silencioso, para o colega de quarto não ouvir.

Acabei por reconstituir um grupo de amigos, entre os que tinham estudado no mesmo liceu do Lubango e outros, os de Luanda. Um moçambicano e um cabo-verdiano pelo meio. Com ligações mais ou menos frouxas com companheiros em Lisboa, o centro principal. Pessoas com ideias próximas, sobretudo em relação ao colonialismo, um grupo portanto. Os livros subversivos começaram a circular, com eles poemas de gente que estava presa ou prestes a ser, ou já bazara para o estrangeiro. Havia efervescência no ar, se notava. Mudei de república, fui para uma constituída apenas por gente do grupo de amigos. O meu pai não deve ter gostado, mas nada disse. Da família dele que andava por Trás-os-Montes mantive distância. Suportava as aulas sem rendimento e sonhava com lutas. De libertação, pois claro. Como a dos argelinos, que tinham mandado os franceses pregar para outras paragens, na terra deles não queriam mais donos estrangeiros. Os franceses não respeitaram esses desejos, tentavam manter o império, e a guerra continuava. Li o célebre livro de Franz Fanon, médico antilhano que lutava ao lado dos argelinos e teorizou a luta de libertação. Nem sempre me entendia com ideias contraditórias existentes nos livros, pois percebia que Fanon diferia de Marx ou Sartre, sendo embora próximos. Lia toda a propaganda considerada clandestina que me chegava às mãos, discutia os mambos em voz ciciada, sonhava de olhos abertos. Não tinha obviamente tempo para os calhamaços de Anatomia. Perdi o ano, como era natural, e foi-me retirada a bolsa. O meu pai escreveu numa carta, fica tranquilo, continuo a mandar-te dinheiro, confio em ti, foi um percalço. Grande percalço! O segundo ano ia pelo mesmo caminho e tentava abafar os remorsos de enganar os velhos, mas não suportava aquelas aulas enfadonhas quando nas casas e cafés se trocavam ideias apaixonadas sobre o destino do mundo.

Destino que estoirou com as revoltas de Angola, nos primeiros meses de 1961.

O mundo era diferente, a partir daí. Também os homens de gabardina e chapéus na cabeça que nos vigiavam nas ruas e procuravam ouvir as conversas nos cafés atulhados de estudantes. Se já antes o ambiente se revelava acanhado, agora abafava. Uns estudantes foram presos, aqui e ali. E nós sonhávamos apenas, não passávamos à acção. Senti, íamos tornar-nos tão pequenos e acanhados e cinzentos como os respeitosos escravos que se dobravam aos homens de gabardina. Coimbra e Portugal eram terras de gente temente ao poder, respeitando os mandantes, dobrando a espinha perante uns gângsteres de feira. Havia o perigo de nos habituarmos, ficarmos iguais a eles, aceitando, de coluna em curva para o chão. Servis. Discutíamos isso, esbracejávamos, que fazer?

Se Deus se manifestou algum dia na minha vida, foi dessa vez.

O chefe virtual do nosso grupo, um mais velho de Benguela que jogava futebol e tinha imenso prestígio junto dos novos, reuniu-nos e disse, quem quer vir comigo para Marrocos? A Argélia já se tinha tornado independente, de Marrocos era fácil lá chegar e obter apoio dos argelinos. Do Algarve a Marrocos eram umas horas de barco. Estava tudo preparado e pago, quem quiser vai, quem não quiser fecha a boca, não fala, não sabe de nada. Houve certamente os que fizeram contas rápidas, outros nas escondidas atiraram moeda ao ar, se sair caras vou, se for coroa fico. Fazendo contas.

Eu não fiz contas, decidi logo.

Os continentes são convenções, apenas existem terras separadas por mares.
Nos bolsos dos seres marinhos sempre há montes de terra seca.
Nós desconseguimos de chegar aos bolsos aferrolhados.
Na loucura do pôr do Sol, gaivotas gritam avisando rotas.
Uns poucos sabem traduzir os gritos das gaivotas.
Esses chegam a terra firme.

Assim me vi num pequeno barco de pesca, ao todo umas dez pessoas, embarcado numa noite de Tavira, rumo ao Norte de África. Enjoar foi o menos. O dono do barco, para quem antes tudo era fácil por só sentir o cheiro do dinheiro à frente do nariz, às tantas já se considerava meio perdido e temia estarmos a ir para o oceano largo. Raio de marinheiro tínhamos arranjado. Horas de angústia, muitas, um dia inteiro e mais uma noite. A água tinha acabado, da comida nem falar, e ia uma mulher grávida a bordo, a mulher do nosso mais velho futebolista. O dono do barco começou então a temer a reacção dos marroquinos, se nos vissem clandestinamente desembarcar. Vocês depois defendem-me lá, são amigos deles, dizem que me obrigaram a transportar-vos, me ameaçaram com uma faca, para eu poder voltar para casa. E nos dava a faca. Não queria ir para a cadeia, ao regressar a Portugal. Tinha sido bem pago, não tínhamos remorsos, o problema era dele. Ainda por cima mau piloto, nos obrigou a andar em círculo. Finalmente vimos terra. Podia ser a Espanha de Franco ou o Portugal de Salazar, os dois comparsas. Felizmente era mesmo Marrocos. Para trás ficavam as capas pretas e o frio. E o fado.

Estava de novo em África.

África surgiu nessa madrugada na forma de um morro encimado por uma nuvem branca. O céu ficava cada vez mais azul e o mar ia acalmando à medida que nos aproximávamos de terra. Era tudo imaginação, mas no barco sentíamos os cheiros familiares e eu até ouvia o mugir dos meus bois. Cada um reconhece a sua África, aquela era a minha, tinha de meter bois. A nossa África recebeu-nos como sonháramos. Sem sequer pedirem vistos e passaportes, quando o nosso chefe se apresentou, no posto de polícia de uma aldeia onde acostámos, como um dos responsáveis pelo movimento de libertação. Marrocos foi solidário. E o barco foi enviado para trás, com comida e água. O dono nos abraçou a todos, tinha ganho mais numa viagem que em dois meses de pesca. Que se lixasse a polícia política que muito provavelmente o esperava no regresso.

Quando a gente é pequena, só o dinheiro faz horizontes se abrirem.

Andámos uns meses por Rabat, onde havia um escritório para os movimentos das colónias portuguesas. Querendo ir lutar. Era um grupo misturado, todas as cores. Depois dividiram-nos. Os mais escuros iam combater. Receberiam treino militar na fronteira entre Marrocos e Argélia. Os mais claros tinham bolsas de países amigos, iam estudar para a Europa. A razão era não existirem condições subjectivas para os mais claros participarem na luta armada. Traduzido por miúdos, os mais claros ainda não eram suficientemente angolanos para arriscarem a vida na luta pela Nação, pelo menos havia dúvidas quanto à sua nacionalidade. E utilidade. De novo as raças a separarem os grupos. Fiquei desiludido, sobretudo humilhado.

Calei, ia fazer mais como?

Me deixaram escolher o curso, não o destino. Economia. Nada a ver com Anatomia ou Fisiologia. Disseram, é um bom curso, precisaremos de muitos economistas para desenvolver o país livre, vais para Moscovo, União Soviética. Agradeci. Do Lubango a Moscovo, passando por muitas cidades e regressando pelo meio a África. Não vos tinha prometido uma viagem longa?

A viagem durou três anos.

Não usava a tristonha capa e batina dos estudantes de Coimbra, que no Inverno moscovita pareceria roupa de Verão. Pus casacões forrados de pele, que deram num armazém onde me levaram logo no primeiro dia. E gorros e luvas grossas. Mesmo assim o frio estava sempre entre a pele e a roupa. Vestia de urso mas não tinha o calor do urso. A senhora que me acompanhou às compras era redonda já de si, mas com aqueles casacões era uma bola que eu imaginava subindo no ar gelado até atingir as coloridas cúpulas das igrejas. Soberbas. De todas as cores. Não me cansava de admirar as cúpulas das igrejas russas, foi a mais forte impressão que guardei para sempre de Moscovo. O português da senhora redonda era sofrível, mas dava para entender. Seria a nossa intérprete, guia e vigia. À noite fazia o relatório à polícia ou ao Partido sobre esses estranhos africanos quase tão brancos como os russos. Eu então, com os olhos azuis... Merecíamos vigilância especial, claro. Quem garantia não sermos espiões infiltrados pelo regime do fascista Salazar para minar a pátria do socialismo?

Terminologia da época, cada época tem a sua.

Por coincidência, a nossa guia tinha o nome da minha irmã, Olga. Claro, pensei imediatamente, esta também faz de irmã mais velha. E dizem que não existem coincidências. Em breve notaria as grandes diferenças entre as duas, pelo menos na linguagem e nos pensamentos. Estavam nos antípodas uma da outra. Ainda bem, evitava o perigo de as confundir. Também fisicamente eram diferentes, a minha irmã era seca e para o alto, esta era uma bola, como já disse. De facto, só os nomes eram iguais.

O que restava do nosso grupo também se dividiu. Eu fiquei em Moscovo, um foi para Leninegrado e o outro foi para Minsk. Estava de novo sozinho. Talvez mais do que nunca. Numa cidade gelada, com neve por todo o lado. Era bonito mas incómodo. Sobrou a Olga, que me levou para a escola de russo e o respectivo quarto de estudante. Depois, de vez em quando, aparecia para conversar, saber se precisava de alguma coisa. Não tenho razão de queixa, tinham cuidado comigo. Ao fim de um mês ela tentou falar em russo, num passeio pelas ruas já livres de neve. Era cedo de mais mas consegui aguentar umas réplicas. Ela bateu palmas. Comovida com os progressos. Não era teatro, estava mesmo comovida. Eu era um estudante esforçado. Todo o dia a tentar falar aquela língua suave, mais língua de mulher que de homem, acho. Se alemão é uma língua claramente masculina, sem dúvida a russa é feminina. Opinião minha, também tenho direito. Um dia exprimi essa ideia a Olga e ela bateu palmas. Batia palmas quando estava contente. Deve ter posto no relatório dessa noite, Júlio Pereira entendeu a verdadeira alma da língua russa. Júlio, a seus olhos, devia ter sucesso no comunismo do futuro.

Era útil ter o guia/vigia do nosso lado.

Na escola de língua russa ou no lar de estudantes, onde encontrava jovens de todos os lados do mundo, despertava sempre curiosidade. Logo eu que preferia confundir-me com os rochedos, ser uma lagartixa ao sol entre duas pedras... Despertava curiosidade. Desconfiança, nalguns casos. Um branco quase louro era angolano e queria lutar pela independência? Então não eram os brancos que colonizavam Angola? Curiosamente, os primeiros a me estenderem a mão foram africanos. Um senegalês, um tanzaniano e um congolês. O senegalês e o congolês, indubitavelmente negros, o tanzaniano mais claro um pouco. Para eles eu era camarada. Os europeus olhavam de lado, desconfiados. Os quatro formámos o meu primeiro grupo em Moscovo. Passámos a andar sempre juntos. Falando com os braços e mãos primeiro, depois em russo titubeante. Dois deles falavam francês e o outro inglês, línguas que eu tinha estudado no liceu, embora sem grande resultado. Mas decidimos desde o princípio tentar nos entender em russo, esforço para aprender mais rápido. Os sorrisos no começo resolviam as faltas de vocabulário, por vezes Olga ajudava, ela parecia saber um pouco de todas as línguas.

Os vigias são dotados para as línguas.

Quando já podíamos trocar opiniões entre nós, Salim, o tanzaniano, Moussa, o senegalês, e Jean-Michel, o congolês, resolvemos fazer uma revolução no lar de estudantes. Pequena revolução, mas cada um tem a que pode. Nenhum de nós estava satisfeito com os parceiros de quarto. A mim tinha calhado pela vontade dos responsáveis um polaco desconfiado e eternamente a cheirar a cebola. Não sei onde as encontrava, mas tinha sempre algumas na mala em baixo da cama. As cebolas empestavam o ar, eram uma ameaça ao ambiente. E resmungava quando me mirava de lado, talvez invejoso por eu ter os olhos mais azuis que ele. Os meus amigos também não apreciavam os respectivos parceiros, todos europeus, excepto Salim, a quem calhara um australiano impossível de aturar. Evidentemente, estes europeus faziam parte das organizações juvenis dos partidos comunistas dos seus países. Embora Salim e o australiano pudessem conviver em inglês, a convivência parecia condenada por outras razões insondáveis. Falámos os quatro, conferenciámos com Olga, que se assustou, não podem pedir isso, é contra os princípios, mas nós não quisemos saber de princípios que não compreendíamos, e fomos falar ao director do lar, Olga traduzindo, muito incomodada, procurando um buraco onde enfiar o redondo rabo. Foi Moussa, o mais antigo em Moscovo, três meses já de permanência, quem falou. Como africanos, queríamos ficar juntos em dois quartos contíguos para podermos estudar russo. Seria mais fácil para a entreajuda. O director repetiu os dizeres de Olga, não é permitido, o internacionalismo proletário obriga a misturar pessoas diferentes para se conhecerem e se solidarizarem umas com as outras. Salim era o mais teimoso, pegou na palavra, estamos a estudar russo e não internacionalismo proletário, e é mais fácil aprender se o fizermos em conjunto. Argumento fraco, é bom de ver, mas o director era mais vigia que argumentador, coçou a cabeça, até Jean-Michel explicar, vimos de um continente oprimido e explorado, alguns de nós nem independentes são, outros há muito pouco tempo, não nos entendemos com gente livre desde sempre, embora explorados pelo capitalismo internacional, como já aprendemos. Temos hábitos diferentes e estamos cansados de que riam dos nossos hábitos estranhos. Olhares assustados entre Olga e o director, a acusação era grave, alguns alunos riam dos africanos, podendo haver conotação racista, não era isso que o Partido proclamava, uma bronca se fosse conhecido. E eu? Bem, não precisei de dizer nada, os amigos falaram por mim, o que me agradou bastante. O director concordou, embora relutantemente, passam para os dois quartos do fundo da ala esquerda do corredor número sete. Vitória.

A minha primeira em Moscovo. A mais fácil.

À saída Jean-Michel disse-me em francês, que eu compreendia minimamente apesar dos cinco anos de estudos no liceu, acho preferível ficarmos os dois no mesmo quarto. Pensei ser porque poderíamos conversar melhor em francês que em russo, pelo menos por enquanto. Mas não era isso, pois Moussa falava um francês impecável, até melhor que o próprio Jean-Michel, e tínhamos combinado não usar essas línguas entre nós, apenas russo. Se Jean-Michel se exprimia assim baixinho era porque só queria ser compreendido por mim, agucei portanto o ouvido. O Salim e o Moussa são muçulmanos, explicou ele. Nunca estiveste num quarto com um muçulmano? Acorda de madrugada para se pôr de rabo para o ar e rezar ladainhas. Até pode não fazer muito barulho, mas é o suficiente para te acordar. Assim, eles se despertam juntos e rezam. Achei razoável. Quando foi da atribuição dos quartos, assim fizemos. Os outros também aceitaram as razões de Jean-Michel. Deixariam de acreditar na religião deles com o tempo, mas isso era trabalho dos soviéticos e do tempo, não nosso. Por enquanto, poderiam rezar em conjunto.

Como constataria mais tarde na minha penosa existência, os fiéis deixavam de o ser ao estudarem marxismo e comunismo e enquanto lhes convinha. Mas, tempos depois, desiludidos com a vida, abandonavam o marxismo. E regressavam às religiões. Acontecia por vezes não ser a religião de origem, mas era de qualquer modo uma religião. Fraquezas, medos, interesses, sei lá.

Não é fácil viver sem Deus.

Esta revolução provocada no lar de estudantes, se bem que pequena, foi importante para mim. Os russos e outros europeus passaram a olhar-me de maneira diferente. E, mais tarde, ganha mais intimidade, houve alguns que confessaram, duvidávamos no princípio da tua africanidade mas agora aceitamos, é verdade, preferes estar com um africano no quarto que com um polaco. A esses eu dizia subtilmente, Jean-Michel não cheira a cebola. Eles não entendiam, mas também não era para eles entenderem. E bem podiam ficar com os seus preconceitos raciais e o cheiro a cebola, os meus amigos não tinham preconceitos e ríamos entre nós com as cores diferentes que ostentávamos.

Na época não conhecíamos, mas Mandela falou em criar a sociedade do arco-íris.

Mandela pensava em nós, num lar de Moscovo, quando criou a ideia da nação arco-íris. Um continente inteiro arco-íris, com todas as cores do mundo. É sonho? É sonho, sim. Mas é lindo. Os meus amigos do Lubango, correndo atrás dos bois, não pensavam de outra maneira. Hoji-ya-Henda e Che Guevara também não. E para mim isso chega.

Veio o Verão, no entanto não tivemos férias. Estávamos atrasados na aprendizagem do russo. E em Setembro devíamos entrar na universidade, já com essa ferramenta adquirida. Havia sol e vida para lá das salas de aula. Mas a nossa vida era aprender e fazer amor com essa língua tão sensual. Tivemos uma nova professora, Ludmila, linda como só as russas sabem ser quando louras e de nariz ligeiramente arrebitado. Pelos lábios dela as palavras saíam molhadas, sobretudo quando tinham éles, e os lábios abriam ao pronunciar o ié da letra E, a língua rosa a vislumbrar-se lá no fundo. Sim, Ludmila obrigava-nos a amar a língua russa e a fazer amor com ela e nela. Faltava a ocasião.

Sonhava com Ludmila.

Acordava molhado, tanto como os éles dela. Os meus companheiros também, pois não tínhamos segredos desses e partilhávamos. Mas sabíamos, Ludmila era um sonho impossível, como uma etérea patinadora sobre o gelo, riscando círculos e ovais irrealizáveis, levantando pó de neve na derrapagem ligeira, um meteoro silencioso luzindo na noite, uma gata se espreguiçando voluptuosamente, uma quimera. Ludmila era bela de mais, não existia na realidade, fugaz produto de um pintor inspirado. O belo não existe se faz doer. A nós doía tudo por causa de Ludmila. E dos seus éles molhados.

A juventude merece perdão pela sua credulidade.

Os quatro apaixonados por Ludmila. E não escondíamos uns dos outros, porque não era coisa para disputar. Sabíamos, ninguém chegaria lá. Moussa, o senegalês, alto e magro, de uma elegância aristocrática e uma cor de azeviche, tão negro que azul parecia, foi sempre considerado um belo homem pelas mulheres. Também Salim era tido como uma beleza com o seu tom acobreado do Índico. Jean-Michel e eu não podíamos ser mais banais. Mas nenhum teve algum dia ilusões. Ludmila estava para além dos nossos sonhos. Hoje penso, quem sabe, se Moussa tivesse tentado... Talvez não trouxesse nenhuma mudança ao mundo, mas que pancada daria na nossa vida de Moscovo. Uma Vénus russa, professora soviética, cassumbulada* por um aristocrata negro e muçulmano, que estória! Vitória nossa maior que a mudança de quarto.

As grandes vitórias exigem estratégia.

Nenhum de nós era estratega. Acabei por ser mais tarde como militar, a vida mandou. Mas no momento não soubemos convencer Moussa a avançar, não lhe abrimos perspectivas de sucesso. Limitávamo-nos a sonhar com Ludmila e a correr para as suas aulas. Melhores alunos jamais teve, sempre avançados em relação à hora. E atentos. Aos seus lábios, aos seus gestos, aos seus sorrisos. De facto não aprendíamos a língua. Bebíamos dela. É diferente. Por isso hoje a minha relação com o russo tem certa ambiguidade.

Porém, tudo o que é bom termina.

Fomos aprovados na língua russa e podíamos ingressar na universidade. Adeus Ludmila, tragada pela cidade no seu Outono. As folhas ficavam amarelas e caíam, assim como as mágoas dentro de nós. Nos consolávamos sem vergonha nem ciúme. Outras haveria e para todos. Sabíamos ia ser difícil. Difícil também continuar juntos, pois eu e Jean-Michel estudaríamos Economia, Salim Agronomia e o alto Moussa Engenharia Electrotécnica. Com efeito, eu e Jean-Michel fomos para um lar que servia a nossa faculdade, enquanto os outros foram para as respectivas

* Cassumbulada: conquistada, roubada. (N. E. B.)

especialidades. Mas nos encontrávamos frequentemente aos fins-de-semana e trocávamos experiências. Continuávamos confidentes. Eu e Jean-Michel continuámos a partilhar um quarto no novo lar, mais confidentes ainda. Não sabíamos que um dia nos separariam irremediavelmente.

Conto já, para quê guardar segredos?

Quando terminámos o curso de Economia, Jean-Michel regressou a Brazzaville, ansioso por participar na revolução em curso no seu país. O socialismo tinha sido instaurado como doutrina oficial do regime. As cartas que me escrevia contavam dos seus sonhos e das suas esperanças. Arranjou emprego no gabinete de um ministro, foi subindo muito rapidamente na Juventude do Partido no poder. E fui percebendo, à medida que o tempo passava e que ele ia subindo na Juventude, até ser o chefe máximo da organização, que perdera as antigas convicções. As suas cartas denotavam desespero por estar a colaborar com uma farsa, qual socialismo qual nada, só pensam em mulheres e carros, já que enriquecer é difícil em terra tão pobre. A notícia repentina não me surpreendeu. Jean-Michel se meteu numa tentativa de revolução que correu mal, fuzilaram-no numa esquina perto do estádio de futebol. Juntamente com um cantor de músicas revolucionárias.

Pobre África.

Mas ainda estávamos no princípio do curso e todos os sonhos permitidos. De economia ensinavam-nos pouco, o primeiro ano eram só as bases do marxismo-leninismo: filosofia marxista, comunismo científico, dialéctica e mais dialéctica. Talvez não saiba explicar porquê, mas já na época os exemplos da dialéctica me pareciam metidos a martelo. A *água, pela acção do fogo, vai aquecendo, aquecendo, até que de repente se torna em vapor, muda da qualidade líquido para a qualidade vapor, salto qualitativo provocado pelo aumento progressivo da quantidade de calor.* Não era nada de repente que a água passava a vapor, era molécula a molécula. Se fosse de repente, todas as panelas com água no fogo derretiam por subitamente ficarem sem água, lógica simples de cozinheiro. Pensamentos subversivos os meus. Leis pretensamente universais e imutáveis numa disciplina que dizia nada é imutável? Contradições. Exactamente, o princípio da contradição, pedra de toque da dialéctica. E depois, na prática, era tudo feito para ser eterno e recusava-se a contradição, sobretudo na política? Era só um incómodo, talvez passageiro. Aprendi as lições, mas não interiorizei todas. Jean-Michel parecia mais conciliador, se eles dizem, companheiro, porque duvidar? Tantos crânios escreveram sobre isso, quem somos nós? Ele devia estar com a razão e eu me mortificava, tinha preconceitos pequeno-burgueses, armado em intelectual niilista.

Por muito menos se pode ir para o Inferno.

Ou para a Sibéria.

Uns tantos foram. Contra-revolucionários, agentes do imperialismo internacional, capitalistas encrostados. Milhares, milhões. Se falava baixo, denúncias se murmuravam mas as discussões não eram públicas. O segredo era o relatório de Kruchtchev ao Congresso do Partido, onde tinha denunciado uma série de crimes no tempo de Estaline. Já tinham passado muitos anos sobre esse célebre relatório e respectivo congresso que o analisou, mas ninguém sabia ao certo o que dizia, pelo menos as pessoas a que tínhamos acesso. E a imprensa ocidental não chegava às nossas mãos. Se chegasse, também não acreditaríamos nela, só defendia os interesses e mentiras dos burgueses. Tinha havido umas limpezas nas chefias da URSS, havia regularmente, nós é que não sabíamos serem limpezas. Muitos russos estavam ao corrente, alguns sopravam ao ouvido. Mas era preciso ter muita confiança na pessoa para lhe soprar ao ouvido.

Nós não merecíamos confiança, éramos estrangeiros.

Ainda por cima, membros de movimentos de libertação nacional ou de partidos amigos da URSS, era o mesmo, não confiáveis para quem tinha algo a contar. Nós só podíamos nos informar com o *Pravda* ou outro jornal ligado ao Partido, a imprensa perita em arredondar os ângulos das notícias, transformar infernos em paraísos, fracassos em vitórias, atrasos em progressos. Estávamos, com a ajuda do comunismo, sempre a avançar para o futuro risonho, brilhante como as auroras, graças aos nossos líderes bem-amados, imortais, quase seres míticos anteriores à humanidade, do tempo em que os deuses faziam filhos. Alguns desses filhos sobraram, eram os nossos líderes. Como não acreditar em dialécticas travestidas?

– Acreditas ou não no materialismo dialéctico e em tudo o que nos ensinam?

A pergunta de Jean-Michel me apanhou desprevenido. Passeávamos num parque ao sol, sonhando com o calor africano. Me sentei num banco e ele ao lado. Ele fez o gesto habitual, meteu os braços entre os joelhos afastados, por cima do casacão de cossaco e curvando as costas para o chão. Ria. Eu não tinha resposta. Quando lhe apresentava dúvidas, no quarto, ele era claro, se os professores dizem é porque é verdade, nem temos capacidade de duvidar perante tais poços de sabedoria revolucionária. No entanto, por trás das frases proferidas havia aquele sorriso, os olhos brilhantes, a eterna ironia dos africanos, que eu não sabia ocultar, talvez por ter olhos azuis. Mas sabia reconhecer a alegria da ironia nos outros.

– Porque me perguntas? Já sabes das minhas dúvidas.

– Porque aqui podemos falar. Já te fiz mil vezes sinais no quarto e em todos os lados. Mas nada. És mesmo branco burro. Como pode um branco ser tão burro?

– Sou mesmo, não te entendo.

– Pois. Aqui podemos falar, não pode haver microfones escondidos.

E deu aquela gargalhada estrondosa que incomodava tanto polacos, búlgaros e checos, quando estes não estavam bêbedos. Com vodka todos davam gargalhadas semelhantes.

– Achas mesmo que nos controlam? Com microfones?

– Julgavas que era só a Olga? Branco burro!

Afinal Jean-Michel tinha tantas dúvidas como eu, só que era mais esperto, se precavia. Não convinha a ninguém ser recambiado da União Soviética por falta de convicção revolucionária. Acabar o curso primeiro e depois poder pensar segundo a sua cabeça, ideia que ele aprendera de um tio, militando no Partido Comunista Francês até ser expulso, anos atrás, por duvidar da essência quase divina de Maurice Thorez, o chefão, e da sua ajuda desinteressada à independência africana. Ao fim de tanto tempo a fingir inocências, o meu amigo se confiava e contava coisas. Abri a boca até a cabeça estar dividida em duas partes, como melancia cortada ao meio. Jean-Michel não podia estar a mentir nem a brincar. A alegria tinha desaparecido do olhar, contou da dor do tio ao perceber que não havia solidariedade permanente nem desinteresse total nas relações entre forças políticas ou mesmo entre pessoas situadas no mesmo lado da barricada. Nem sempre. Falou das dúvidas, hesitações e pequenas traições feitas pelo Partido Comunista Francês aos revolucionários africanos que apenas queriam a independência para os seus países. Relações aparentemente de camaradas, mas com punhais escondidos. Existia uma grande orquestra de muitos partidos e movimentos de libertação, todos ditos irmãos, e o maestro estava ali perto, no Kremlin. Mas o maestro só pensava nos interesses do Kremlin, não houvesse ilusões. De vez em quando recolhia aos bastidores para esconder moedas de ouro. Os outros não tinham acesso aos bastidores, reservados aos senhores do Kremlin.

– Os revolucionários como nós só têm um caminho. Aprender o máximo, para depois esquecer algumas coisas. Não temos de repetir os erros que estes tipos cometem. Temos de inventar o nosso próprio caminho em África.

A via africana para o socialismo.

Não estava frio nesse dia em Moscovo. Quer dizer, para quem tinha um casacão e grossas meias. Mas eu sentia frio, muito frio por dentro. Ainda queria acreditar que tudo era sincero no que nos contavam. Os professores e colegas e órgãos de comunicação insistiam, quem procura particularidades, vias alternativas às da União Soviética, comete o crime do revisionismo, não há outro socialismo verdadeiro, só este. Jean-Michel dizia, temos de procurar a nossa própria via, era um revisionista, conspurcado pelo pecado do desvio de direita, talvez um futuro traidor. Era meu amigo, nunca seria um traidor. Eu sabia. Morreu mais tarde por causa das suas ideias. Como eu esperava dele e dos meus verdadeiros amigos. Embora se tenha dito dele, já morto e gelado, morreu por ser um aventureiro esquerdista. Desvio de direita, revisionista ou esquerdista? Palavras contrárias. Pouco importa, as palavras que se dizem sobre um morto só servem para o incensar indevidamente ou o condenar definitivamente. Tanto valem umas como outras.

Só para os profetas e os escritores as palavras são sagradas.

No entanto, duvido dos profetas e do seu respeito pelas palavras. Os outros, os escritores, que remédio, vivem delas... Tinha havido discussões parecidas em Coimbra, mas essas não valiam, não passavam de especulações por estarmos então longe dos lugares santos. Mas agora, naquele parque próximo do Kremlin, com um céu azul depois dos meses da neve, na sede e centro do comunismo, a Meca e Roma da esquerda mundial, as palavras tinham outro valor. Também as ideias perigosas. Por isso eu sentia frio no peito, frio na barriga, que é o sítio onde nasce o medo, aprendi nos combates mais tarde. O medo que vai penetrando silenciosa e traiçoeiramente. Medo de duvidar, mas também medo da verdade.

A verdade é dura, sempre.

De repente, tive a sensação que os muros do Kremlin podiam captar as nossas palavras, ou melhor, as falas de Jean-Michel e os meus silêncios cúmplices. Os muros são apenas pedras alinhadas umas em cima das outras, polidas pelas mãos dos servos e do tempo, os muros não espiam ninguém.

Mas há alguém em cima de muros a espiar. Sempre.

Jean-Michel continuava. O tio estava no Congo, doente, mas guardando as esperanças num mundo melhor. Na sua terra tinha havido movimentos, lutas subterrâneas e depois mesmo maciças manifestações de rua contra o corrupto padre que se fez presidente do Congo. O abade que dormia em cama de ouro num país de miseráveis. Acredita no que te digo, esse abade não durou muito tempo na sua cama de ouro. O povo destronou-o, destronar não, porque o padre nem trono tinha, o povo descamou-o, foi isso, mas Jean-Michel teve de usar o francês porque em russo não era capaz de inventar a palavra, e mesmo em francês era uma heresia, o francês é ortodoxo e rígido, não aceita mudanças e neologismos assim à toa, apesar de alguns escritores das Antilhas terem sacaneado a língua francesa, de a lagartizarem, tropicalizarem, para escândalo dos puristas e nosso encanto, pois nós descamámos o gordo do abade Youlou, a cama foi posta na rua para toda a gente ver e foi um escândalo. Apesar de doente, o meu tio assistiu à cena.

Um gordo abade numa cama de ouro é pouco cristão. Arrancá-lo de lá, derreter a cama para comprar pão para os pobres, isso sim, é cristão.

E revolucionário.

– Os soviéticos ficaram satisfeitos por o abade ser derrubado – ousei eu dizer, a medo.

– Mas não fizeram nada antes para ele sair. Também não podiam. Agora dão umas bolsas de estudo a alguns...

– Mas espera lá. Se o teu tio teve problemas com o PC francês, porque te deram a bolsa? Não sabem?

– Claro que sabem, até radiografias minhas devem guardar. Não é forçoso que eu tenha as mesmas ideias do meu tio, em primeiro lugar. Mas não é isso que lhes interessa. Fui proposto por uma organização estudantil, eles sabem quem sou, e talvez o que penso e o que escondo. Mas também conhecem a hipótese, os homens podem mudar. Ou então, talvez lhes convenha apoiar, mesmo só através de um sobrinho sem valor, quem se opôs um dia ao amigalhaço Thorez. A camaradagem não é sempre uma garantia e quem adivinha como vai ser o amanhã? Aliás o camarada Thorez está no fim.

– É tudo uma jogada?

– Na política é. Sempre. Não tenhas ilusões, amigo.

Eu tinha ilusões, várias e fortes. A minha viagem para Moscovo estava baseada numa ideia que podia se revelar uma ilusão. No entanto, havia alguma coisa a fazer?

– Diz-me, Jean-Michel. Falaste por acaso destas coisas com o Moussa?

– Não.

– A ninguém, aqui, em Moscovo?

– Claro que não.

– Obrigado pela confiança.

– É só para te abrir os olhos. És muito crédulo. E às vezes falas muito. Estes gajos são mestres em espionagem, é conhecido. Têm microfones em todo o lado. Não estou a inventar nada, acredita. Dás um peido e eles sabem.

– Foi o teu tio que contou?

– Sobretudo ele. Mas outros amigos também me avisaram. E todos os partidos comunistas usam métodos semelhantes. Já agora, o chinês igualmente, embora tenha deixado de ser um partido amigo dos soviéticos e portanto de nós. Os métodos foram todos moldados no princípio do século à boa maneira russa. Reproduzem-se como porquinhos.

Imagem de banda desenhada, os métodos dos partidos comunistas a se reproduzirem como porquinhos.

Mas adivinhávamos nós, naquele Outono de entrada na universidade, que poucos meses depois haveria nova mudança entre os camaradas? Kruchtchev, o mal-amado por ter denunciado, anos antes, uma série de crimes e erros do endeusado Estaline, dando assim munições ao inimigo, foi derrubado e sucedeu-lhe o cinzento Brejnev, buldogue de cara e corpo, de cuja boca opaca nunca sairia nada de que o Partido se arrependesse. Havia golpes e contra-golpes na pátria perfeita do socialismo, cartas escondidas debaixo da mesa, pior, facas escondidas nos casacos, sangue escorrendo pelas paredes.

– Vês? – disse Jean-Michel na altura da queda de Kruchtchev. – Ensinam-nos a pureza das ideias mas praticam todas as sujidades. Isto foi um verdadeiro golpe de Estado.

Jean-Michel era um herético, não queria aceitar a necessidade de os partidos políticos se purificarem de vez em quando, livrando-se das ovelhas que se corromperam. Na Idade Média, o meu amigo congolês seria queimado na fogueira. Admirava-o mas temia onde nos podiam levar as suas ideias. Por falta de oportunidade ou de vontade, apesar de continuarmos grandes companheiros e confidentes, não falámos muito mais destas coisas, ou apenas dissimuladamente. Para quê insistir? Tudo fora dito. Eu tinha de escolher a minha via, pois a dele só podia dar na heresia, no confronto com o poder estabelecido. O seu fim, desgraçadamente, não foi muito diferente dos heréticos da Idade Média, afinal. Felizmente foi fim mais rápido, evitou o horror do fogo.

Tentei um dia falar com Moussa, mas os engenheiros são seres de outro mundo, conseguem passar por este sem nele repararem. Continuava o mesmo devoto muçulmano, querendo uma sociedade mais justa. Mas não se interrogava sobre filosofias. Estudavam menos essas matérias que nós em ciências sociais, mas sempre tinham duas ou três disciplinas para aprender a nova doutrina. Ele estudava aquilo, da mesma maneira que fazia problemas de álgebra. Constava no programa, tinha de decorar umas ideias, cumpria. E me fitou pasmado por eu ter avançado algumas dúvidas sobre o que nos ensinavam. No mesmo parque onde tinha conversado com Jean-Michel, olhando as muralhas do Kremlin. Mudou de assunto, não por medo ou desconfiança, apenas porque aquele mambo não lhe interessava, não lhe dizia respeito. Era para ideólogos e nós, sim, estávamos a ser preparados para trabalhos ideológicos. Ele ia trabalhar em circuitos integrados, em equações diferenciais, coisas palpáveis e concretas, as únicas coisas concretas. As minhas preocupações eram da ordem da religião e ele não discutia religião. Acreditava apenas.

Jean-Michel era um herético e Moussa um crente.

Os meus maiores amigos em Moscovo.

LUAR EM MOSCOVO

E Sarangerel entrou na minha vida.
Nada mais foi como antes.

Pessoas têm vidas paralelas, seguem juntas sem se cruzarem. Outras, convergentes, acabam se encontrando num canto do mundo. Explicar a razão é gesto vazio, como cabaça depois de feita a manteiga.
No entanto, na cabaça de manteiga não se faz hidromel.
Nem as vacas nem as abelhas deixariam.

Já eu estava no segundo ano do curso quando a conheci. Ela viera da Mongólia, República Democrática e Popular, onde tinha estudado o obrigatório russo desde os primeiros anos de escola, e entrou numa faculdade de Leninegrado, hoje de novo São Petersburgo. Pediu mais tarde transferência para Moscovo, por razões não vindo ao caso. Por isso não a tinha visto anteriormente e agora era minha colega. Algo me atraiu, talvez a sua cara redonda, e ousei lhe chamar de Lua Cheia, enquanto fumava um cigarro no recreio e ela se encostava timidamente a uma coluna, observando em redor.

Existem milagres.

Quando eu esperava uma resposta desabrida, ofendida, porque de facto eu fora estúpido e pouco educado, veio uma fala suave:

– O meu nome é Sarangerel, sim. Mas não quer dizer Lua Cheia, enganas-te, quer dizer luar.

Fiquei confuso. É evidente, não revelei desconhecer o seu nome à partida. Ficávamos com esse mal-entendido como início de conversa. Eu a tentar meter-me com ela, usando o aspecto arredondado do rosto, e ela compreendendo que eu apenas confundira o significado do nome, pequeno erro para um iniciado. A pergunta óbvia aconteceu a seguir:

– Onde aprendeste a minha língua?

Não podia manter muito tempo o mal-entendido. Disse, não sei a tua língua, apenas uma palavra ou outra, mas, como vês, até confundi o significado do teu nome, parvo que sou.

– Não erraste por muito.

– É, havia uma relação.

– Que palavras mongóis sabes mais?

– Gengis Khan!

Rimos os dois. Quem não associa o grande Khan à Mongólia? Não precisa de ser génio, basta ter estudado um pouco de História universal. E usar apenas o nome do chefe mítico era a prova de que não sabia nada mais de mongol. O riso dela era contagiante, embora contido. Talvez por isso, por ser contido, mais contagiante ainda. Ninguém resiste a uma mulher que ri baixando a cabeça e pondo a mãozinha à frente da boca. Ela era delicada em tudo, não parecia vir de um povo com a rudeza suficiente para criar cavalos. Não me aguentei, tive de perguntar o que ela mil vezes ouvira antes:

– Sabes montar a cavalo?

– Claro, desde pequenina.

Era óbvio. Pergunta estúpida. Ela só podia ter corrido por estepes amarelas no dorso de um cavalo sem sela, as coxas bem apertadas no lombo dele para se segurar, cabelos voando ao vento. Era a imagem dos filmes, quer do Oeste americano, quer dos chineses ou dos soviéticos sobre a Sibéria e as repúblicas do Leste. Imagens feitas, pastiches, como diria o francês. Mas eu tinha sorte, Sarangerel era ingénua, ou então não tinha ninguém com quem conversar e me suportava as ignorâncias e atrevimentos. Outra teria virado logo costas. Apenas perguntou, embora pergunta soando a afirmação:

– Não és soviético?

Pelo aspecto até podia ser, com os meus olhos azuis. Mas certamente a pronúncia denunciava-me. Apesar de haver povos muito diferentes na União Soviética, e pronúncias também. Quando lhe disse o que era, ela abriu os olhos, primeiro de admiração, quem espera de um branco de olhos azuis ser africano? Quase imediatamente, deslumbramento.

– Nunca falei com um africano, que bom! Estás aqui há muito tempo?

Nos sentámos ao lado um do outro ali no pátio e na aula seguinte. E no dia seguinte. E no imediato. E no fim-de-semana fui buscá-la ao lar e fomos passear pelos parques. Cruzando informações sobre as terras amadas mas longe de cada um de nós. E fomos ao cinema. E lhe peguei na mão, a medo. Ela, também a medo, deixou a mãozinha dentro da minha. E a levei a lanchar. E rimos, envergonhados, sempre que os nossos olhos se encontravam. E corremos depois por ruas povoadas ou sem gente, ainda envergonhados. Faltando a coragem de nos mirarmos. Medo de nos derretermos.

Assim é o amor.

O nome é pesado e nem sempre corresponde à realidade. Os documentos tratando dele devem ocupar uma cidade inteira e no seu todo há ambiguidades. Alguém sabe mesmo o que amor é?

Pobre é o amor
Que pode ser contado.
(William Shakespeare)

Estou a arriscar muito, portanto, tentando contar a minha estória de amor. Passamos a vida a tentar descobrir, alguns vivem mesmo só para o encontrar. Já sem falar nos escritores, que fizeram dele o tema inesgotável para poemas e romances. Uns tantos apenas no fim da vida percebem nunca com ele terem cruzado, para além dos inevitáveis equívocos. Outros, pelo contrário, descrentes de tudo desde a mais tenra idade, se surpreendem no leito de morte a sonhar com uma menina que afinal preencheu as suas vidas. Na maior parte dos casos, leva-se a verdade para a tumba. Se verdade houver.

Que há de verdade no amor?

A mesma verdade que existe na verdade. Se consome pelo uso. Ou se reforça pela ausência. Ou nem uma coisa nem outra. O mistério permanece e nos espanta sempre.

Para quê então falar no que não se pode perceber?

Os dias corriam e ficávamos cada vez mais próximos. As confidências sussurradas levaram, só ao fim de três meses de conhecimento, a uma informação inquietante. O pai dela afinal não era um qualquer criador de cavalos de amplos bigodes, cuja filha tivera a sorte de obter uma bolsa para estudar na União Soviética, em nome da amizade entre os povos. Membro do Bureau Político do Partido do Povo Mongol, o partido no poder e único legal, era nem mais nem menos o ministro da Defesa, um dos cinco homens mais importantes do seu país. Olhei bem para ela quando me confessou, de olhos baixos, a sua condição de filha de um homem poderoso. E custava acreditar. Toda ela era modéstia, simplicidade, meiguice. Devia estar orgulhoso, no fim de contas namorava a filha de um grande militante socialista, como nos habituámos a chamar na época aos dirigentes dos "partidos amigos". No entanto, o conhecimento causou mais inquietação que felicidade, por muito estranho que pudesse ser. Ela devia ter intuído isso desde o início, pois ocultou o facto e depois contou com certa vergonha, ou pelo menos timidez. Quando lhe perguntava sobre os progenitores, no princípio do nosso relacionamento, era deliciosamente vaga, se tratava de um casal de funcionários. O que era indubitavelmente verdade. A mãe, professora do ensino secundário. Só que o pai não era um funcionário qualquer, era dos mais altos que podia haver, até difícil de imaginar.

– Porque não me disseste logo?

Se fazia alguma diferença e a vozinha dela era temerosa, como a criança que sabe ter cometido uma malandrice. Claro que fazia diferença e ela era consciente, por isso calara. Depois do primeiro estado de atordoamento, olhei instintivamente para todos os lados. Procurava as escoltas se escondendo entre as árvores ou em baixo dos muros. Não havia, ela andava de facto sozinha. Na pátria do socialismo estávamos seguros, o Kremlin velava pela nossa segurança, ninguém ousaria fazer mal à filha de um alto mandatário estrangeiro. Mas não era esse o perigo que me assustava. Estranhamente, eu é que me sentia alvo.

– O teu pai sabe de nós?

Os pais continuavam a julgar que ela apenas pensava nos estudos, pretendendo ser economista para ajudar o glorioso país de Gengis Khan a avançar para o socialismo científico, futuro radioso, Primavera da humanidade. Escondia de todos a nossa relação, até de uma amiga mongol que convivia no mesmo lar de estudantes dela. O nome dessa amiga era Erdene e significava jóia. Correspondia ao nome, era mesmo uma jóia de rapariga, afirmava Sarangerel, estudiosa, séria e muito alegre, um dia tens de a conhecer. Um dia havíamos de lanchar juntos, a melhor maneira de conhecer uma pessoa delicada. Por muito séria e amiga que Erdene fosse, Sarangerel ainda não lhe tinha contado que andava de amores com um jovem colega. Nem a Nara, outra estudante da sua terra e também habitando o mesmo lar, embora de relações mais distantes, talvez por estudar medicina. O nosso namoro é um segredo só nosso, pelo menos por enquanto, pediu ela. Os olhos imploravam mais que as palavras. Nela, os olhos eram sempre mais expressivos que tudo, por isso tantas vezes os escondia, ou baixando a cabeça ou tapando delicadamente a face com os punhos pequenos. Realmente era melhor guardar segredo. O segredo, quando deixa de o ser, perde parte do encanto. O sabor reside no mistério. A verdade crua é o ácido da doçura do segredo. Um dia, o nosso segredo teria de ser revelado, a felicidade não é eterna. Mas a nossa parecia ser. E esquecíamos o futuro, concentrados apenas na ventura de nos amarmos.

O segredo permaneceu até ao fim do ano lectivo.

Nem só a Lua é redonda, nem só a Lua cheia é bela.
Flores existem, pássaros de cores de fogo.
Pessoas têm a beleza interior atribuída aos santos. Os verdadeiros, sem veneno.
Ela, porém, com sua cara de Lua, era a criação mais perfeita.
Ele não a amou apenas, adorou-a como uma deusa.
Tinha medo de partir a louça de madrepérola, criada na rota da seda. Só lhe tocava com mãos de veludo. E, mesmo assim, tremia de cada vez.

Havia férias e eu ia passá-las em Moscovo. Para onde mais podia ir? A família estava longe de mais e nem suspeitava onde me encontrava. Tinha conseguido, através de um camarada vivendo na Alemanha, mandar uma carta para os meus pais. Pedia desculpa, mas as minhas obrigações para com o país natal obrigaram-me a sair de Portugal, onde a tropa exigia a minha presença para ir fazer a guerra do lado contrário ao dos meus sentimentos. A deserção foi obrigatória e para fora de Portugal. Carta difícil de escrever, porque a linguagem devia ser toda cifrada. O correio do estrangeiro era escrupulosamente lido pela polícia portuguesa e a família ainda poderia ter problemas se as minhas posições políticas fossem conhecidas. A linguagem foi de tal maneira cifrada e rebuscada que a carta passou na censura da polícia e por isso foi entregue, mas os familiares não perceberam nada, pelo menos não atinaram com as razões da minha fuga, isso sim, tinham entendido. Eu estava na Alemanha, foi a conclusão. E por uma causa desconhecida, não queria voltar a dar sinal de vida. Soube muito mais tarde que a minha carta foi assim interpretada pela família desconcertada. Com Olga silvando por todos os lados, é um falso, é um ingrato, o único que teve direito a estudar mais e afinal abandonou tudo, sabe-se lá porquê. Ela estava mais perto da verdade que os outros, eu era um traidor na sua óptica, mas não chegou a um sentido político, não tinha cultura para tanto. Só instinto.

Não havia pois família com quem passar as férias.

Mas Sarangerel tinha. Foi para Ulan Bator e eu fiquei com a minha saudade. Dois longos meses de saudade, recebendo cartas dela, mas nas quais pedia para não lhe responder, medo dos esbirros do pai. Tudo indicava um desastre futuro, a felicidade não dura a vida toda, me dizia a razão. Mas que razão reconhece um rapaz apaixonado? Escrevia perdidamente cartas que varavam a noite, controlava o desejo cada vez mais forte de as meter no correio para a Mongólia e escondia-as numa gaveta. Daria a ler quando ela voltasse. Já me consolava o que ela escrevia, as lágrimas que dizia estar a verter mas sempre com cuidado para não borrar a escrita. Erdene morava mesmo ao lado e a sua presença lembrava Moscovo a Sarangerel e, portanto, a minha pessoa. Estava infalivelmente associado a Moscovo na cabeça dela, veio de Leninegrado e conheceu-me logo na primeira aula, como uma estranha profecia. Reparou em mim a fumar um cigarro com um ar superior e desinteressado do mundo como um grande galã de cinema. O meu descaramento encantou-a e sobretudo o mal-

-entendido que nos levou à fala. Contava e recontava isso nas cartas doridas e eu tinha vontade de chorar. Mas nunca lhe disse que de facto, quando da primeira fala, me referia ao rosto dela e não ao nome. Foi mentira que não revelei. Só agora. Mas já não tem importância, ela não vai saber que o nosso relacionamento começou com uma mentira sem gravidade. Há quem jure, uma relação sã só admite a verdade. Estou eu aqui para negar com a voz da experiência. Uma relação verdadeira pode (e talvez deva) começar com uma mentira.

Conheço casos.

A felicidade perdida retomou com o telefonema atendido no único telefone do andar, ao fundo do corredor. Ela estava no aeroporto de volta. E deixou Erdene à espera das malas para se escapulir e me telefonar, morria de saudades de ouvir a minha voz. E eu então! Mal conseguia balbuciar um bem-vinda. Muito menos, bem-vinda, amor. A primeira vez que lhe chamei querida, a palavra me tinha queimado os lábios. E deve ter destruído os tímpanos dela. Depois perdeu a força, com a rotina, já não fazia os mesmos estragos na boca de um e no ouvido da outra.

As palavras carinhosas são infelizmente amansadas pelo tempo.

Foi então tempo de muito amor. Os meses de ausência mostraram a cada um de nós a impossibilidade de estar sem o outro. Inevitável. Tragédia no ar, ao crepúsculo. Adivinha-se.

Hereges existem. Tentam fazer hidromel na cabaça da manteiga. O hidromel é intragável, mas eles dizem, do alto da sua arrogância, vocês não têm bom gosto. Nem o gosto de arriscar.
Ele pressentia o perigo de trocar as cabaças.
Felizmente, não avistava abelhas nem vacas.
Ali.
Afinal estavam bem perto.

Erdene desconfiava, insistia em perguntas. Sarangerel achava dever revelar o segredo. Perderíamos a nossa jóia mais valiosa, de que nem os colegas de faculdade suspeitavam, argumentava eu, àtoamente mas por instinto. Só Jean-Michel suspeitava, claro. Esse não desconfiava, sabia mesmo. Mas era suficientemente discreto para nem a mim confidenciar a suspeita ou o conhecimento. Mais tarde contou, várias vezes nos apanhou no mesmo parque fechado onde dei o primeiro beijo a Sarangerel. Descobriu por acaso, não era sítio que frequentasse habitualmente. Aconteceu num fim de tarde. O meu regresso ao lar no crepúsculo era sempre esfuziante, tinha um ar tão feliz e barulhento que só ao amor podia ser devido. De maneira que dias depois voltou ao mesmo local para comprovar as dúvidas e nos encontrou abraçados, meio escondidos por uma árvore. Não precisava de mais. E se eu não queria contar, tinha o direito de manter o segredo que só a mim dizia respeito. Por isso não me confrontou, nem lançou piadas e até deixou de perguntar, mas onde estiveste até agora, para não me obrigar a uma mentira. Gentil ao extremo, Jean-Michel. Amigos assim são raros.

Mas Erdene era diferente.

Desconfiava e queria saber. Tantas fugas, desculpas constantes, chegadas sistematicamente atrasadas ao lar, só podiam ser devido a algum homem encapuzado na vida de Sarangerel. Esta negava, cada vez com menos convicção, disparates, Erdene, disparates. Se não fosse por termos feito o pacto do silêncio, há muito Sarangerel se tinha aberto com a amiga, tal a pressão.

– Leio nos teus olhos – dizia a outra.

– És uma analfabeta, não sabes ler no papel, quanto mais nos olhos – ria Sarangerel.

Mas o riso não sabia mentir. E um dia ela disse-me, já não consigo esconder dela, vou contar e apresentar-te. Espero que faças boa figura. Eu estranhava tanto medo, no fundo ela se aterrorizava com Erdene e o seu julgamento. Haveria razão? Se eu me abrisse com Jean-Michel sobre Sarangerel e o estranho medo em relação a Erdene, certamente ele diria, a outra só está cá para vigiar a filha do ministro, é da bófia secreta. Pensamento de herege político, claro.

Havia inquietações no ar. Se tornaram tempestade.

Foi numa aula de um dia começando aprazível pelo raro sol. Desde o princípio da manhã ela estava nervosa, se mexia no banco, eu sentia. Eu falava banalidades ao ouvido, para a ver sorrir, como habitualmente, mas nada, mantinha o ar sério, preocupado. Que se passa contigo hoje, segredei. Nada, depois digo. No intervalo, levei-a para um canto isolado.

– Conta-me, qual o problema?

Sarangerel baixou os olhos. Mas não levou a mãozinha à boca, mau sinal. Não tinha vontade de rir. Antes fazia esforço para não desatar aos soluços. Falou baixo:

– Estou grávida.

Assim mesmo. Como uma bomba que explode num dia de sol.

Sarangerel encontrou força lá dentro do seu pequeno corpo para tentar me consolar, segurando a mão entre as suas. Basta chorar eu pelos dois, não precisas também de lamentar, me disse. Eu no entanto dei uma gargalhada feroz. A ela deve ter parecido idiotice, no princípio sim, como confessaria mais tarde, mas depois se comoveu com a minha satisfação. Eu, um miúdo de pouco mais de vinte e um anos, ia ser pai. Não me vieram inquietações, não imaginei catástrofes, a bomba afinal era de perfume. Beijei-a delicadamente, ri de novo e, finalmente, ela sorriu baixando os olhos. Deliciava-a a minha alegria, atirava para longe as angústias dos últimos dias ao perceber o atraso das regras e imperceptíveis mudanças no seu corpo. Imperceptíveis para outros, claro, não para ela. Várias noites passou em branco, imaginando futuros. O mais simples seria desembaraçar-se do filho, havia na União

Soviética facilidades para o aborto em nome da liberdade da mulher. Ela era maior. Bastaria ir a um hospital e falar com um médico. Embora talvez fosse rotina o hospital depois informar o país de origem, dado se tratar de uma bolseira. E aí estava a razão dos seus temores, o pai podia saber.

Havia outra hipótese, claro, era contar-me tudo e esperar a minha reacção. Podíamos casar e assumir as consequências. Mas para isso o pai tinha de concordar, até talvez o Partido do Povo da Mongólia. Ela não era uma cidadã qualquer, era filha de um membro do Bureau Político. Eis os factos e a maneira simples como me contou.

– Casamos, qual é a dúvida?

Sarangerel não esperava uma resposta tão pronta. Para dizer a verdade, nem pensei. Não sopesei a decisão nem as palavras. Não olhei para o futuro, eu, que tinha o futuro bloqueado, dependente da vontade de alguns dirigentes me autorizarem a arriscar a vida numa guerra incerta. Tão incerta que o mais certo era morrer. Devíamos ter esse filho, o aborto estava fora de questão. E a maneira mais fácil e correcta de resolver os mambos era o casamento.

– Escrevemos aos teus pais. E começamos a viver juntos. Em alguns lares vivem casais de estudantes. Podemos pedir transferência para um desses lares e ter um quarto. E é hoje mesmo que vamos tratar do assunto.

– Espera. Pensaste tudo sozinho. E eu não decido?

Fiquei francamente espantado com a reacção dela. De facto, estava a determinar sozinho pelos dois e sem qualquer reflexão. Mas então ela não se satisfazia com a minha resolução? Parecia um bicho defendendo o seu espaço, ah, a emancipação das mulheres, estudávamos e discutíamos isso, mas era algo teórico. Um casal é constituído por duas pessoas e as decisões devem ser sempre colectivas. Na prática, eu nem me preocupava em imaginar as consequências de tal princípio filosófico na vida individual. Sarangerel, estranhamente, me declarou não se sentir preparada para casar assim de repente. Devia ser ela a mais entusiasmada, pelo menos aliviada por eu aceitar tão bem a gravidez, uma parte importante da sua angústia. Mas não, evitava precipitar-se ladeira abaixo, como eu fazia. Sempre fui de decisões rápidas, guiadas pelo instinto. Até então não tinha muitas razões de queixa. Mas até então as decisões tinham implicações directas apenas na minha vida e só remotamente na de alguns outros. Agora já não diziam respeito somente a mim. Havia outros dois seres em jogo, insistiu ela.

O eterno egocentrismo do macho.

Aquela miúda franzina vinda das estepes geladas onde pastam cavalos milenares, de uma sociedade onde muitas vezes apenas havia mulheres porque os homens ou estavam longe nas guerras ou em longas peregrinações comerciais, portanto mulheres bastante livres, habituadas a decidir sobre as suas vidas e as dos filhos, não se deixava domar, seguia a tradição dos séculos. Eu não decidiria sozinho. Nem precisou de me olhar muito intensamente para me pôr no meu lugar. Foi só a voz mansa, falsamente dócil, temos de pensar juntos e com calma. Hoje foi só para te contar o meu estado. Temos tempo para decidir.

– Disseste à Erdene?

– Vou dizer, contar tudo. Não aguento mais as perguntas dela.

– Prepara-te. Vem borrasca.

– Erdene é minha amiga.

Acreditei na sua boa-fé. Se tivesse falado antes com Jean-Michel, não seria tão optimista.

Erdene afinal arrancou os cabelos, pisou raivosamente o chão com os pés, ameaçou Sarangerel com todas as pragas do mundo, chorou, implorou impossibilidades, entre elas a solução aborto, se atirou para a cama de braços abertos como morrendo, se levantou de novo numa fúria cuspindo infernos, se dobrou num canto do quarto soluçando culpas e recriminações. Sarangerel assistia ao filme, espantada. E por fim Erdene confessou, estás a condenar-me à morte ou à cadeia.

Dava para entender?

No dia seguinte Sarangerel contou-me os detalhes da conversa. E as espantosas revelações vieram perante os meus ouvidos atónitos. Erdene era de facto uma guia ou polícia ou espia ou o que se queira chamar. Fingia estudar, com a conivência das autoridades soviéticas. Mas a sua missão em Moscovo se resumia a ser guarda-costas e informadora de todos os gestos de Sarangerel para Ulan Bator, via embaixada. E a sede na Mongólia já estava informada, bem antes das férias, que a filha do ministro da Defesa mantinha um relacionamento secreto com um jovem estudante, de boa aparência mas de ascendência não mongol, um pecado capital, portanto. As palavras são minhas, de hoje, mas era essa a essência da questão. O pai de Sarangerel, constantemente informado pelos serviços da embaixada mongol em Moscovo, preferia por enquanto deixar andar sem interferir, pois sabia que a mãe dela queria acima de tudo a filha formada. E o ministro prezava muito a opinião da mulher, capaz de fazer uma cena épica de rebeldia, digna de uma descendente directa do grande Khan. Sarangerel só tinha voltado a Moscovo para continuar os estudos por imposição da mãe. Ela não sabia nada sobre as discussões havidas entre os pais, nem sobre os relatórios dos encontros secretos. Erdene já tinha descoberto a relação no meio do ano anterior, alertada pelo seu contacto do KGB, o qual controlava os agentes enviados pelos serviços secretos dos países amigos e por vezes lhes passava informações inócuas. No princípio tentou encobrir, para evitar um escândalo. Sobretudo, para evitar ser considerada incompetente por ter desconseguido de impedir tão espúrias relações. Mas depois, com medo que o próprio KGB informasse directamente Ulan Bator, o que a colocaria numa situação ainda mais complicada, de cúmplice, resolveu fazer um relatório ao seu superior hierárquico da embaixada. Chamada ao ministro durante as férias, prometeu que controlaria a situação. Seria uma atracção de criança, nada de grave, em breve Sarangerel cairia em si e se dedicaria exclusivamente aos estudos, como sempre. E, no caso pouco provável de Sarangerel arranjar algum namorado, ela providenciaria para ser um mongol puro, ninguém de raças espúrias. Em favor de Sarangerel, Erdene devia referir que trabalhara afincadamente, apesar dos amores clandestinos, e tivera uma classificação excelente. O camarada ministro reconheceu a verdade dos seus argumentos e amansou. Intimou Erdene à garantia, aquele relacionamento quase terminado não teria consequências. Aceitou as exigências quase gritadas da mãe da minha amada, deixou a filha voltar para Moscovo, fingindo não saber de nada, meigo como sempre em relação à filha adorada. Mas agora? Erdene era obrigada a revelar a gravidez, um crime supremo de mistura de raças, seria chamada à Mongólia e podia se preparar porque a punição seria exemplar. Não a de Sarangerel, acima de todos os castigos, mas a dela, Erdene, funcionária dormindo no serviço, deixando que um desastre daqueles acontecesse. Por fim, o ultimato: Erdene nos tinha dado um dia para decidirmos. Ou havia aborto e suspensão imediata das nossas relações, conseguindo ela em compensação que o aborto não fosse conhecido das autoridades mongóis, ou ia contar tudo ao agente da embaixada e entregar a cabeça ao cepo.

Nos momentos decisivos há pensamentos estúpidos. Muitas vezes. Ou demasiado lúcidos, o que vai dar no mesmo.

– E dizias tu que essa Erdene era uma jóia. Só de nome. Aposto que nem isso, é um nome falso, como o seu passaporte, a sua idade, tudo.

– Dadas as circunstâncias, até nem se portou mal, mas agora não interessa – a voz de Sarangerel parecia demasiado ríspida para comigo, e até injusta, pois eu só queria o melhor para o que já considerava a minha família.

– Tens razão, devemos escolher o que fazer. Diz-me, a Erdene sabe que vieste falar comigo?

– Claro, se nos deu um dia para decidir...

– É a primeira vez que estamos reunidos oficialmente... com a benevolência das autoridades mongóis...

– Não gozes. É só responsabilidade dela. Está a arriscar muito.

O problema de aceitar um aborto realmente não se punha para mim. Nem para Sarangerel, sabia. Não era por qualquer sentimento religioso, os dois éramos ateus. Ela sempre fora educada longe de qualquer religião, como mandava a filosofia do partido do pai. Eu me tinha afastado das crenças e depois fui convencido por Marx e o seu ateísmo militante. O que dizia meio a brincar ao João no Lubango afinal era mesmo verdade, Deus se revelava uma mera invenção dos homens incapazes de descobrirem uma razão plausível para a vida e a morte. No entanto, repugnava-me a ideia de impedir a vida a um filho meu, o que, diga-se de passagem, muito me espantava. A constituição de uma família nunca me tinha sequer aflorado o pensamento, era de facto novo de mais para tanto. E a minha situação de membro de um movimento de libertação, sem poder imaginar de que era feito o futuro, mais condicionava os projectos pessoais. Instintivamente recusava a solução mais fácil. Provavelmente qualquer outro aceitaria de mão beijada a oferta de Erdene, pelo menos a primeira parte, a de conseguir um aborto secreto. A suspensão das nossas relações já seria mais difícil de aceitar, mas ganharíamos tempo e depois logo se veria. Era o mais racional. Qualquer um faria assim, nas mesmas circunstâncias, não é? Porém, recusei. E Sarangerel também. Ela ficou satisfeita por eu concordar com a sua decisão. Vendo bem, ela tinha mais a perder que eu. Mas os dois reagíamos da mesma maneira, o fruto do nosso amor era sagrado.

Nem que nos esfolassem vivos, nem que nos amarrassem a dois cavalos, uma perna para cada lado, como se fazia em tempos medievais nas estepes, e fossem afastando os cavalos para nos abrirem ao meio.

– Telefona para a tua mãe, as mães são mais compreensivas. Não escrevas, telefona. Estou disposto a ir amanhã mesmo a Ulan Bator apresentar-me ao teu pai. Negociamos o casamento.

Era uma posição de risco extremo. Sarangerel abriu os olhos de emoção. Havia lágrimas a brilhar. Era o seu herói e comportava-me como tal. Não tinha a mínima sensação de tomar uma atitude corajosa, apenas não medi consequências. Por ela iria ao fim do mundo, porque não enfrentar o poderoso e obstinado pai?

– Posso convencê-lo a deixar-te casar e continuarmos a estudar. Bolas, e o internacionalismo proletário? A Mongólia, como país socialista, apoia a luta dos povos oprimidos. O meu povo é colonizado e eu sou um lutador pela liberdade do meu povo. O meu Movimento é aliado do Partido dele, tem de ser sensível a esse argumento. Agarremo-nos à política, ela pode ajudar-nos.

Sarangerel segurou a minha mão. Com as duas, como era seu hábito.

– Não conheces o meu pai. Não conheces a Mongólia. Acho até que não conheces os países socialistas.

E mais não disse. Esperei esclarecimentos. Não vieram. Ficámos os dois sentados, de mãos dadas, perdidos em pensamentos desencontrados. Seria mais tarde Jean-Michel a esclarecer-me, meu velho, deixa-te de ilusões, o internacionalismo proletário é uma treta, a amizade indestrutível entre os povos é outra, o que conta é que tu não és mongol, portanto, és um ser inferior. Nem que fosses o rei do Kongo. Mas na altura ainda não me tinha aberto a Jean-Michel, estava cheio de boas intenções. E de ilusões. Passado muito tempo, ela perguntou, o que fazemos então? O aborto tinha sido posto de lado, havia que decidir o passo seguinte.

– Já te disse, vou falar com o teu pai.

– E eu já te disse, é inútil.

– Vale a pena tentar.

– Não. Ainda te arriscas a ser expulso da União Soviética, ele vai exigir isso.

– Os soviéticos não o fariam.

– Fariam, podes ter a certeza.

– Casamos então em segredo. Assim ele não pode fazer nada. Tu és maior, não precisas de autorização para casar.

Era a única solução. Romeu e Julieta casando com a cumplicidade de um padre, como Shakespeare escreveu. Infelizmente ali não havia padres complacentes, apenas zelosos funcionários do Estado soviético, hieráticos e inflexíveis como qualquer burocrata.

– Vou falar com a Olga. Ela pode ajudar-nos a casar sem que a Mongólia saiba.

Sarangerel fez um muxoxo descrente com a boca, mas tão delicado que só eu podia perceber. No entanto, não contrariou. Também não tinha soluções melhores, é verdade. Ficou combinado ela dizer a Erdene que no dia seguinte lhe daria a resposta definitiva, ganhando algum tempo. Eu entretanto fui tentar falar com Olga. Não a encontrei no escritório onde habitualmente estava e para me adiantar aos acontecimentos procurei Jean-Michel. Estava na biblioteca da faculdade, cumprindo o seu dever revolucionário de estudar.

É bom ter amigos verdadeiros, apesar das dolorosas verdades que arriscamos ouvir.

Jean-Michel foi claro, já esperava uma coisa dessas. Temia isso, sempre me pareceste um tipo ingénuo. Foi então que ele contou como nos apanhara no parque. Assobiou de admiração e susto quando soube da posição política do pai de Sarangerel, tu ao menos atacas logo em cima. Só ao fim de três meses de namoro é que soube quem era o pai, me defendi. Jean-Michel tentou tirar-me as ilusões, há racismo, e o racismo nem sempre é de branco contra negro ou de negro contra branco, há entre todos os grupos. E o marxismo não extirpou esse cancro, meu irmão, podes crer. Podes arriscar ir à Mongólia, mas ela conhece o pai e o país melhor que tu, e se não acredita... Aqui os casamentos são fáceis e os divórcios também, é verdade. Até podem casar rápido, sendo ambos maiores. Mas é preciso que a Olga alinhe e convença um funcionário de estatuto superior. Será que ela é de fiar?

– Não tenho mais ninguém.

– O teu Movimento?

– Só há a União de Estudantes e não tem influência para tanto.

– Sei. Mas escreve à Direcção do Movimento. Se vier um pedido da Direcção, os soviéticos podem facilitar as coisas.

– Vai demorar muito tempo.

– Também é verdade. A Direcção está muito longe. Fala com o responsável dos estudantes, de qualquer forma. Podem meter o Komsomol* no barulho. O Komsomol tem muita força, tu sabes. Se quiseres, tenho bons contactos, falo com um chefe deles.

Jean-Michel, apesar da solidariedade evidente, não parecia de grande ajuda. Restava mesmo Olga. Depois de muita ponderação, isto num espaço que decorria entre a biblioteca da faculdade e o lar, marcha de quinze minutos, decidi primeiro contactar o responsável pela União dos Estudantes Angolanos. Era uma camarada baixinha, um pouco para o forte, chamada Esmeralda. Já nos conhecíamos das reuniões para troca de informações sobre a

* Komsomol – Organização da Juventude do Partido Comunista da União Soviética.

luta de libertação e o progresso nos estudos. Também, por vezes, a secção de Moscovo da União de Estudantes organizava uns encontros com alguma comida e bebida e a indispensável música. Acabávamos sempre a dançar, porque angolano só sabe atirar para longe tristezas e saudades dançando.

Na dança, não é só o corpo que bebe seiva do ritmo, é a alma.

A camarada Esmeralda estava no seu sítio habitual. Não havia tempo para rodeios e contei-lhe tudo desde o princípio, quase sem respirar. Evitando os detalhes, claro. Não lhe falei por exemplo do mal-entendido sobre a Lua Cheia e o luar. Nem outras coisas lindas que aconteceram entre nós os dois. Ficou a olhar para mim, nitidamente perturbada. Porque se apercebia do amor que transparecia das minhas palavras? Porque a situação lhe colocava um complicado problema político? Porque nunca imaginara uma mongol com tanta determinação? Não sei, mas se tornou imediatamente minha cúmplice.

– E o que conta o camarada fazer?

– Casar, claro. Mas tem de ser rápido, ela tem medo da reacção do pai quando souber da gravidez.

A camarada Esmeralda abanou a cabeça afirmativamente. Havia pena nos olhos dela por não poder fazer nada para me ajudar? Achei, era isso.

– Vou falar com os camaradas do Komsomol. Mais não posso. Pode ser que eles facilitem o casamento, pode ser que não. Compreende, a Mongólia está encaixada entre a União Soviética e a China. Pende para a União Soviética neste conflito ideológico entre os dois, talvez por uma parte do seu território ter sido anexada pela China. Os camaradas soviéticos não vão querer afrontá-la por um problema...

– Menor... – disse eu, conformado.

– Pessoal – disse ela, generosa. – Fale com a Olga, ela tem mais influência do que se pensa. Ou falamos os dois?

– Se fosse com a camarada seria melhor – me agarrei ao pau que ela lançava. Esmeralda era mesmo camarada.

E lá fomos de novo, agora os dois, tentar encontrar a minha guia/vigia. No caminho lhe disse isso mesmo e ela riu, é a guia/vigia de todos nós. Os angolanos são assunto exclusivo da Olga, e ela é muito ciumenta. Um camarada do Komsomol, aliás importante, um dia quis intervir no caso de um angolano que estava a ser injustamente acusado de ter roubado uma carteira num lar. Esse tipo do Komsomol por acaso estava lá e resolveu ajudar o angolano. Quando a Olga chegou, fez uma cena dos diabos, que ele não tinha nada que se meter, ela era a mãe dos angolanos, enfim, não disse a palavra mãe mas era como se fosse... esperemos que desta vez seja a mãe que desejamos.

Mas a camarada Olga não foi nada mãe, nem sempre se é mãe.

Começou por me dar uma tremenda reprimenda, que eu estava em Moscovo para estudar e não para arranjar problemas com os camaradas mongóis, uns grandes revolucionários que levavam a palavra de Lenine a cavalo por todas as estepes da Ásia. Quando o cavalo morria de exaustão iriam a pé, se preciso fosse. Não disse isto, até porque não fazia ideia de quanto aguentava um cavalo com o tremendo peso das palavras leninistas. Mas era a ideia geral. Que o casamento entre estudantes estrangeiros tinha de ter a autorização dos dois países, no meu caso do Movimento que representava o meu país. Isso não seria problema, achei eu, mas demorava, os correios eram difíceis e a sede do Movimento ficava no coração de África enquanto Moscovo estava na esquina da Europa com a Ásia, muita distância portanto. A verdadeira dificuldade seria obter a autorização mongol, evidentemente.

– Um documento da União dos Estudantes não chegará? – perguntou a camarada Esmeralda, a tentar facilitar a parte angolana.

– Podem mandar um telegrama à Direcção do MPLA – disse Olga.

Até podia ser, pensei eu, não estava preocupado com a permissão dos meus dirigentes, eram gente que compreendia as coisas. O problema era ela não aceitar mover uma palha por causa do pai de Sarangerel. Evidentemente, se tratava de um problema político que a ultrapassava, que se emaranhava nas teias do conflito sino-soviético, assunto central do movimento comunista da época. Mais me convenci de só haver uma solução, eu me apresentar arrojadamente em Ulan Bator e pedir a mão de Sarangerel ao meu futuro sogro. Se os soviéticos me deixassem sair de Moscovo...

– Considero um disparate – cortou logo Olga. – Mas tente pedir um visto na embaixada mongol. Se eles autorizarem o visto, nada o impede de ir lá nas férias. Mas não durante o tempo de aulas, está aqui para estudar. O povo soviético faz um grande sacrifício dando bolsas aos jovens dos países amigos, mas é para tirarem proveito desse sacrifício e não para perderem tempo com distracções...

– Distracções?... – eu ia explodir, mas Esmeralda me segurou o braço. As coisas deviam ser tratadas com serenidade, entre camaradas que se gostam, nada de fúrias descontroladas que só criam inimizades, impedindo as soluções. E então o internacionalismo proletário?

– Camarada Olga, podiam abrir uma excepção por dois ou três dias – disse Esmeralda. – Não é isso que vai fazer o camarada Júlio atrasar-se nos estudos. Pelo contrário, com um problema como tem é que não terá a paz de espírito suficiente para aproveitar o enorme sacrifício do povo soviético.

Claro que havia ironia na fala da camarada Esmeralda. Mas como ela usava sempre a sua fala cantante com ironia, sobretudo nas questões graves, Olga pareceu não levar a mal. Ou fingiu. Nunca consegui perceber como funciona o cérebro de um guia/vigia. Deveria haver compêndios de psicologia tratando esse assunto, mas não certamente na União Soviética, apesar de ser dos países mais avançados do mundo na ciência de manipular cérebros. Não haveria compêndio pelo menos à disposição do pessoal comum, gente como eu. Pensei nesse momento, foi coisa que nunca esqueci apesar da distância e do tempo, teria de procurar na biblioteca da faculdade algo do género, embora estivesse certo de não encontrar. (Permitam-me o aparte, mas realmente o cérebro humano é uma coisa complicada, pois, num momento tão delicado da minha vida, estava eu a fazer filosofias sobre psicologia de vigias em vez de empenhar todas as minhas faculdades a convencer a guia!) Com efeito, não procurei então, e até hoje duvido que houvesse a explicação do funcionamento desse tipo de cérebros, tão comuns na época. Só comuns naquela época? Avancemos.

Olga deixou de ser mãe para mim. Nos olhámos com rancor, à despedida.

Acompanhei a camarada Esmeralda à sua residência, agradecendo o esforço. Ela ainda disse, vou meter o Komsomol nisto, quanto mais não seja para autorizarem a ida à Mongólia. Me despedi, o coração como chocolate quente. Ainda havia camaradas.

Sempre houve, do meu lado.

Jean-Michel foi um deles. Também secundou a camarada Esmeralda e foi falar com o seu amigo do Komsomol, o qual fez uns rodeios prudentes e não prometeu nada, mas ia ver. A questão se tornava africana, proclamou Jean-Michel, de volta ao lar na noite avançada. Vamos convocar o Moussa e o Salim e todos os angolanos e congoleses de Moscovo para um encontro. Essa criança, filho de dois revolucionários, é um belo exemplo da união dos povos. De um lado, os tocadores de batuque e, do outro, os homens dos cavalos.

– Já viste um cavalo mongol a dançar ao som do batuque africano?

Ria para tentar me animar. Sacou uma garrafa de vodka do seu armário sempre com surpresas e me encheu um copo. Ele bebia pelo gargalo e avançava na teoria da criança afro-asiática, exemplo para o futuro do mundo, então não há mesmo uma organização de solidariedade dos dois continentes com sede aqui em Moscovo? De vez em quando essa organização organiza uns congressos da amizade, onde se encontram os desempregados da política, mas isso não interessa. Tudo se conjuga, vamos internacionalizar o problema. Eu não tinha vontade de rir nem de brincar e a solidariedade entre os povos começava a ficar esfumada nas minhas ilusões. Tinha sido um dia difícil. Bebi a vodka de uma virada.

Caí morto na cama.

CONTRA UMA PORTA DE PEDRA

No dia seguinte não assisti às aulas. Andei pela faculdade, subindo e descendo escadas, percorrendo corredores, à espera de Sarangerel. Nada tinha para lhe oferecer de tantas voltas dadas na véspera. Vagas promessas? Nem isso, com efeito. O mais importante de tudo era a posição de Olga, totalmente negativa. Sarangerel demorou. Estaria certamente a tentar ganhar a cumplicidade de Erdene, feito praticamente impossível, se tratando de uma bófia. Os bófias têm muito medo, por saberem o significado de um risco, por isso não ultrapassam hierarquias, não descumprem regras.

Jean-Michel, solidário, ia a uma aula e depois procurava-me para o apoio psicológico. E corria para outra aula, dizendo sempre, não estás a perder nada de importante, é sempre a mesma coisa. Tinha razão. As matérias mudavam de nome, apareciam em disciplinas diferentes, mas apresentavam muitas repetições de aulas anteriormente dadas, como se o curso fosse concebido para dois anos mas ministrado em cinco, destinado a atrasados mentais. Pouca ou nenhuma rentabilidade no trabalho mas pleno emprego, norma nunca confessada mas sendo o verdadeiro eixo do sistema socialista. Todos se sentiam úteis, sem noção de serem quase inúteis. Gente feliz, portanto.

Infeliz era eu.

Sarangerel apareceu pelo fim da manhã, com cara de papel enrugado, olhos vermelhos e papudos. Passou noite e manhã a chorar, era evidente. Me disse logo, como a matar sonhos, Erdene foi à embaixada, a esta hora o meu pai já sabe.

– No relatório ela vai mencionar que declarámos querer casar imediatamente?

– Não creio.

– Não conseguiste convencê-la a esperar um bocado?

– Ela tem medo de esperar. Se demora muito a fazer o relatório, o KGB informa Ulan Bator antes dela. Estaria perdida nesse caso. De qualquer maneira, assim também está.

– É apenas uma maneira de falar.

– Não é apenas uma maneira de falar. Não conheces a Mongólia, não conheces os países socialistas.

Era a segunda vez que me dizia. Só omitiu o facto de eu não conhecer o pai dela.

– Explica-me então como é a Mongólia e os países socialistas.

A minha voz deve ter parecido rude, acusatória, mas era apenas o desespero a falar. Sarangerel abanou a cabeça mas não me fez a vontade. Suspirou:

– Erdene está mesmo tramada.* E eu sou a culpada.

Pouco me importava o que aconteceria à guia/espia. Nem a conhecia e muito provavelmente nunca a veria, embora ela estivesse farta de me conhecer, observando-me dissimuladamente, embuçada pelas esquinas. Fazia o seu trabalho reles, porém. O que me incomodava era Sarangerel se considerar responsável pelo azar da outra. Não tinha feito nada de mal, apenas talvez se apaixonar pela pessoa errada. Embora eu achasse que era o me-

---

* Tramada: prejudicada. (N. E. B.)

lhor homem para ela, evidentemente, consideramos sempre isso e nem sempre com razão. Erdene se tramava, paciência, tinha uma missão e não a cumpriu correctamente, o problema portanto era dela, não nosso. Para quê nos culpabilizarmos sobre o destino de um espião? Tinha escolhido conscientemente a profissão de espia, que se lixasse! O importante era resolvermos o nosso problema a contento, guardando o filho e ficando juntos. Estudando. Essa era a verdadeira missão, contribuindo para um futuro mundial mais risonho. Sarangerel compreendia, apoiava com a cabeça, mas as lágrimas rolavam pelas faces redondas. Condoída com a terrível ameaça pairando sobre a cabeça da suposta amiga? Ou apenas com a nossa pouca sorte?

Almoçámos juntos no refeitório da faculdade, com Jean-Michel a tentar animar o turvado ambiente. Sem sucesso. Quando o apresentei a Sarangerel, que ele efectivamente já conhecia de vista, tomou a pose de quem lidava com a minha miúda desde sempre. Como continuando uma pretensa conversa iniciada na véspera e interrompida por alguma razão corriqueira. Ela primeiro estranhou mas compreendeu rapidamente, táctica dele para a pôr à vontade, a namorada do amigo só podia ser uma velha conhecida, nada menos. Falou, falou, dos professores e de suas manias e tiques, inventando nomes cómicos para cada um, tecendo comentários sobre os colegas com qualquer característica pouco usual, das matérias vazias e repetitivas das disciplinas, com piada, rindo. Eu sorria de vez em quando mas Sarangerel apenas esboçava uma careta forçada, tentando ser simpática. Ela não estava habituada às heresias de Jean-Michel e até podia se escandalizar com tanta iconoclastia, se de facto lhe prestasse um mínimo de atenção. Mas a sua cabeça derivava para outras preocupações, se notava facilmente. De qualquer maneira, eu sempre iria reter na memória e no coração aquele almoço a três, pelo esforço titânico do meu amigo em nos fazer por momentos esquecer a nossa miserável situação.

– E agora, para finalizar, vamos buscar o Moussa e o Salim e todos os cinco falamos com a Olga. Encostamo-la à parede. Ela tem de fazer qualquer coisa. Vou agitar-lhe à frente dos olhos os nomes dos meus amigos do Komsomol. Ela não vai ficar indiferente.

Não acreditávamos no resultado, mas a determinação de Jean-Michel levou-nos a pensar, também não perderemos nada. Podia ser que Olga, vendo o ar sofrido de Sarangerel, parecendo tão frágil e destroçada, se comovesse. Já uma vez cedera e nos levou ao director do lar, para a troca de quartos. Quem sabe, agora...

Agarramos sempre uma esperança que passa na última nuvem.

Moussa e Salim fizeram olhos redondos ao ouvirem a estória. Olhavam Sarangerel como se fosse alguém do espaço sideral. Quem diria que o seu amigo angolano se tinha metido numa enrascada daquelas... E guardando um segredo digno dos melhores livros de espionagem. Se disponibilizaram imediatamente a apoiar, claro. Embora achassem melhor a primeira ideia de Jean-Michel, a de mobilizar os estudantes africanos de Moscovo para fazerem uma petição às autoridades russas, um abaixo-assinado de centenas. Isso é depois, se Olga nada fizer, insistiu o congolês. Os outros não continuaram na argumentação, valia sobretudo o esforço. E assim fomos de novo falar com a nossa guia/vigia.

A qual ainda gostou menos da insistência.

Manteiga não calha bem com mel, já sabíamos.
No mundo da natureza.
No mundo dos humanos, tudo pode calhar. Se vontade houver.
E se os poderosos permitirem.
Normalmente, os poderosos encolhem os ombros. Indiferentes à dor.
O seu silêncio marca a eternidade da separação.

Houve discursos, trocas de alegações, subentendidos e alguns gritos abafados, perante o mutismo sofrido de Sarangerel. Ameaças de protestos públicos ficaram no ar. Protestos nas faculdades, protestos nas ruas, se a situação a tanto obrigasse. Mas Olga tinha mais medo do Partido que de todos os protestos e ameaças vindas de bolseiros. Ou então desacreditava desprezivelmente na nossa capacidade de mobilização. Não acrescentou uma vírgula ao que tinha dito na véspera. Com ela não contássemos, nunca facilitaria um casamento semiclandestino, pondo em causa relações políticas importantes. Nem tinha na realidade poder para forçar o nosso casamento, se justificava. O que talvez fosse verdade, no fundo. Temos sempre tendência a exagerar a importância dos polícias e espiões, mas eles dependem de outros que dependem de outros... As hierarquias servem para diluir a capacidade de decisão, atirando todos os assuntos delicados e os menos delicados sempre para cima, até ao chefão, o que delibera sobre tudo, até a cor das cuecas dos soldados em férias. Voltámos de rabo em baixo. Jean-Michel prometeu mobilizar os estudantes africanos para uma reunião onde se decidisse sobre os meios de pressão a usar, ou abaixo-assinado, ou mesmo manifestação. E meter ao barulho a relativamente poderosa União Internacional de Estudantes, com sede em Praga. E ainda a dita organização de solidariedade afro-asiática.

O que fez rir Salim.

Salim era mais afro-asiático que os dirigentes da organização, por isso riu. Nascido em Zanzibar, ilha de misturas raciais entre africanos, árabes, indianos e gente do Golfo Pérsico, trazia no tom de pele a união dos dois continentes. Até mesmo a sua língua materna, o kisuahili, idioma franco da África Oriental, era uma mistura desses elementos de todas as terras banhadas pelo Índico. Soltou mais uma gargalhada e disse:

– A esses senhores quem fala sou eu, Jean-Michel. Nunca foste lá, pois não? São todos russos, e com muita vergonha de o serem, complexados, gostariam de ser somalis ou cingaleses. Por isso terei muita autoridade sobre eles.

Ficou assente.

O que aconteceu logo no dia seguinte. Jean-Michel foi rápido nas mobilizações, era um líder quando queria. Vinte estudantes africanos, representando as suas organizações e mais a internacional sedeada em Praga, bateram à porta de uns velhos russos que faziam as vezes de direcção. A camarada Esmeralda e eu próprio fazíamos parte da enorme delegação. Os russos reformados da Revolução e temerosos pelas suas pensões, sempre tão periclitantes com as mudanças políticas impostas por outros, passaram responsabilidades cada um para o degrau de cima sem nenhum se queimar, até chegarmos, já perto da hora do almoço, ao próprio secretário executivo. Este não teve outra alternativa senão receber-nos e ouvir o que Salim lhe contou.

Que parecia haver muito má vontade em se autorizar o casamento entre um angolano e uma mongol, num claro desrespeito pelo espírito de Bandung, Indonésia, onde se criara nos anos cinquenta a tal organização unindo os dois continentes numa conferência que ficara famosa. Haveria maior prova de união que um casamento intercontinental? Os estudantes estavam dispostos a levar o caso até onde fosse necessário para que se cumprisse o espírito sacrossanto da Conferência de Bandung. O secretário mostrava o mesmo ar de Olga, assustado, fazendo contas mentais, ao que isto me vai levar, até às masmorras da Sibéria? Quando prometeu que iria falar com outros membros da direcção para saberem qual o veredicto, Salim foi ríspido, dizendo não acreditar que a direcção tivesse outra alternativa senão pedir encarecidamente aos amigos soviéticos que o casamento fosse imediatamente celebrado. Por isso, para quê perder mais tempo? O secretário apenas teria de telefonar, ali, à frente de todos, para uma conservatória, a qual registaria o acto. Não sairíamos sem uma resposta positiva. Que se não iludisse supondo ser uma figura de estilo, não íamos mesmo sair dali, nem que dormíssemos no chão, estávamos dispostos a defender o que os povos dos dois continentes desejavam, nós éramos de facto pelo espírito afro-asiático contra uma camarilha de burocratas irresponsáveis. E além disso, acrescentou com toda a calma, esta nossa intrusão na sede da associação iria ser interpretada pelos países africanos como uma defesa de nossa parte do verdadeiro sentido internacionalista que devia presidir ao relacionamento entre os dois continentes se opondo ao imperialismo, apesar de se adivinharem mãos tenebrosas por trás, revisionistas, a sabotarem as sadias relações entre povos irmãos e igualmente explorados.

Eu suava, pois o discurso era acutilante, talvez de mais.

Se nos ensinavam a demagogia do discurso, não íamos usá-la em causa própria?, se justificava Salim perante alguns reparos posteriores de que tinha ido longe de mais e os velhinhos estavam assustados a ponto de terem algum ataque cardíaco.

Entretanto, o secretário começava a arrepender-se de tanto ter lutado para chegar àquele posto, onde não fazia nada, pois nada havia para fazer, e que lhe prometia uma reforma dourada dali a pouco tempo. Para estes casos, a reforma compulsiva era aos 75 anos, diga-se de raspão. Suspeitou que nunca lhe dariam reforma alguma e iria masé imediatamente para o olho da rua se tomasse a decisão errada. E qual seria afinal a certa? As dúvidas, medos e perguntas passavam velozmente pelo cérebro dele, sendo reflectidos para nós pelos seus olhos revoluteando pelas paredes e tectos, evitando os nossos. O lápis vetusto, azul, denotando pouco uso, batia regularmente no tampo da mesa cheia de troféus, bustos de celebridades do movimento de solidariedade afro-asiática, estatuazinhas comemorativas de encontros e congressos e ainda bandeirinhas com estrelas, foices e martelos, mas sem documentos para estudar ou assinar. Ele próprio, redondo e vermelhusco, careca no cimo da cabeça e de cabelos brancos no resto, era um símbolo do burocrata normalmente entediado no serviço, excepto quando uma presença incómoda como a nossa perturbava a habitual apatia e preguiça. O ritmo do lápis na secretária era apenas a confissão de impotência e falta de ideias. Teria de dizer alguma coisa e gaguejou. Desconseguimos de perceber o que ele gargarejava. Ficou a olhar para as paredes, à espera de nos ter convencido do nada. Salim voltou a insistir, é só pegar no telefone e ligar para uma conservatória, amanhã de manhã lá estaremos com a noiva para o registo do casamento. Ele voltou a gargarejar, cada vez mais rubicundo. Ao fim de mais de dois anos em Moscovo, eu começava a entender os russos. Se não fosse um problema me tocando tão de perto, arriscaria perguntar em que armário estava escondida a garrafa de vodka de que ele tanto necessitava naquele momento para ganhar coragem. Mas podia tornar ainda pior a situação e fiquei calado, testemunha atormentada da escrita do meu próprio futuro. Ele voltou a tartamudear umas frases sem nexo e finalmente se percebeu o que lamuriava, não posso fazer nada, não insistam, vou apenas relatar à direcção, deve ser uma decisão colectiva. A um discreto gesto de Salim, espalhamo-nos pelo gabinete, sentando-nos em tudo que dava para poisar as nossas cansadas bundas. Alguns tiveram mesmo de as assentar no chão. Mais horrorizado ficou o secretário executivo, pois o nosso gesto significava a concretização da ameaça feita por Salim, dali não saíamos sem uma decisão positiva. O burocrata se levantou do cadeirão com inesperada rapidez para a sua idade e disse para aguardarmos, que encomendaria água. E saiu velozmente do gabinete, mais velozmente do que seria de prever dada a sua passividade anterior, fechando a porta atrás de si. Como se finalmente tivesse encontrado solução para o seu problema, que poderia não ser a do nosso, obviamente. Em breve vinha uma matrona com ar de muito encolerizada, transportando numa bandeja três copos e uma garrafa de água. Decididamente, não era o emprego com que sempre sonhara, mas apenas o que conseguira com os conhecimentos ou ligações familiares. Ou por ser membro assíduo do Partido e já não ter idade para outros empregos.

– Camarada, os copos não chegam – disse um de nós.

– Não temos mais copos – respondeu, mesmo sem vontade de nos aturar.

Ninguém acreditou, claro. Todas aquelas repartições estavam cheias de copos e pratos, porque eram muito frequentes as recepções, mesmo pequenas, às delegações dos países amigos em visita. E nunca acontecia visita ou reunião sem se provar uma bebida e uns bolinhos, no mínimo. Nas melhores ocasiões, havia caviar e salmão, com muita vodka para os frequentes brindes, porque a amizade entre os povos é coisa que tem de passar pelas barrigas e, sobretudo, por inconfidências etílicas. Mas fingimos acreditar na miséria da organização e repartimos a escassa água, esperando o regresso do secretário. Supúnhamos na nossa inocência que ele fora a outro gabinete contactar algum responsável acima, provavelmente o presidente da organização, para resolver finalmente o problema. Que fosse, sempre era melhor que nada. Esperámos, primeiro em silêncio. Passaram quinze minutos e começámos a trocar impressões mais acaloradas, com o propósito de acelerar a passagem do tempo. Passou meia hora e já as vozes se soltavam, impacientes. Todos nós comíamos em cantinas de estudantes e estas tinham horas certas para abrir e fechar. Já tínhamos então perdido a possibilidade do almoço, estava visto. Mas certamente quem não o perdeu foi o secretário executivo da união dos afro-asiáticos, que apareceu muito mais tarde, com o ar sonolento de quem se empanturrou e não dormiu a merecida sesta. Trazia o mesmo discurso, tinha falado com os responsáveis e não se podia realizar o casamento sem a autorização formal da embaixada da Mongólia. Era lá que devia ser resolvida a questão.

Era lá mesmo que eu não queria ir. Admirei a capacidade de repetir discursos já gastos só para tudo ficar na mesma. Mais tarde viria a descobrir ser táctica comum nas negociações políticas ou económicas, sobretudo a repetição para cansar o adversário, levando-o não ao convencimento mas ao esgotamento físico ou moral. Os meus companheiros, exaustos pela espera e apertados pela fome, como os sacanas dos velhinhos afro-asiáticos esperavam, encolheram os derrotados ombros, vamos lá então.

Antes fôssemos passear bois.

Na embaixada mongol, não havia evidentemente ninguém para nos receber. Desconseguimos de ultrapassar o portão de fora. Havia três soldados na guarita, impecavelmente fardados e de ar enfastiado. Os dois responsáveis pela Internacional de estudantes de Praga, um soviético do Cáucaso e um espanhol antifranquista, ameaçaram os guardas com uma manifestação de protesto ali mesmo na rua. Era ameaça perigosa, as autoridades não apreciavam manifestações senão as que eram a favor do regime, o que não é nenhuma raridade. Mas o estudante soviético se sentia envergonhado perante as hesitações dos seus dirigentes e mediu pouco as palavras. Perigosamente pouco. Os guardas, no entanto, não responderam às ameaças e apenas repetiram o que lhes tinham dito de dentro, não há audiências sem marcação antecipada. E ali ficámos nós até escurecer, sem sermos afastados, mas sem notarmos sequer um movimento numa cortina indicando que alguém se interessava pela nossa presença. Claro, sabíamos, tínhamos sido fotografados e filmados metodicamente. E o estudante soviético talvez viesse a pagar muito caro o seu entusiasmo em defesa do internacionalismo proletário, quando o KGB analisasse as fotografias e o relatório dos guardas. Tenho a certeza hoje, ele no ano seguinte já não fazia parte nem da organização de Praga nem de outra qualquer, com uma desculpa perfeitamente aceitável, por exemplo saúde depauperada ou família exigindo a sua presença constante. Há gente muito boa a inventar desculpas, não fazem outra coisa, é um emprego com largo futuro no mundo da política.

Um dia de aulas perdido.

Caía a noite quando nos convencemos que nada havia a fazer. Eu me sentia vigiado, o centro de todas as atenções, embora não visse ninguém a nos espreitar. Mas já tinha aprendido com Jean-Michel, eles estão a controlar tudo, embora não aparecesse nenhum carro de polícia, nem os civis passando na rua parecessem sequer reparar na nossa presença. Os russos tinham aprendido a ser transparentes e a fingir que os outros também o eram. Um grupo de vinte e poucas pessoas, com uma maioria colorida de africanos, chamava forçosamente a atenção, não só dos passantes como sobretudo da polícia secreta. Ainda por cima à frente de uma embaixada com guardas à porta. Mas os russos passavam, baixavam os olhos ou miravam para além de nós, como se fôssemos seres de vidro, até mesmo fantasmas. Não podia deixar de admirar a capacidade diplomática que isso revelava por parte das autoridades soviéticas. Eu chegava a ouvi-los pensar, deixem-nos estar, nada acontecerá. E não acontecerá nada porque não reparamos neles. Se repararmos nesses bizarros estudantes e fizermos qualquer coisa contra ou a favor deles, aí sim, eles passam a existir realmente e os problemas se tornam também reais. Se ultrapassarem uns limites estabelecidos previamente, então actuamos. Violentamente, só pode ser. No entanto, não nos convém actuar num caso tão simples e sem importância.

A violência só é escusada quando a vitória se torna evidente.

Começámos a congeminar inevitável retirada. Os meus amigos batiam-me nas costas, haveremos de resolver este caso, não desesperes. A camarada Esmeralda, que morava longe, também se despediu, vou escrever à direcção do Movimento, não se aflija, camarada. Os da União Internacional de Estudantes prometeram continuar com as tentativas a seu nível, não descuraremos a situação, camarada, isto é uma grave injustiça e dela vamos dar conhecimento a gente com muita força. Por fim, Salim e Moussa, desconsolados, também retiraram para as suas posições, com os olhos a falarem solidariedade mais que as bocas, prometendo rezar a Allah, o Único a compreender a verdadeira luta pela igualdade entre os povos. Regressei com Jean-Michel para o lar, a fome apertando as nossas barrigas subdesenvolvidas.

E sem ver Sarangerel.

Encontrei-a na manhã seguinte, na faculdade. Parecia mais animada, pelo menos disfarçara com maquilhagem a cara amarrotada da antevéspera. Primeiro lhe contei das nossas desgraçadas iniciativas do dia anterior. Só depois deu a notícia importante: a mãe tinha conseguido furar todos os cercos e viera da Mongólia no primeiro avião para conversar com ela. O pai tentou primeiro impedir a viagem mas depois acabou por aceitar, as mulheres sempre se entendem melhor entre elas, sabedoria que é transmitida em todas as línguas por via matrilinear, embora eu tenha muitas razões para duvidar desta sabedoria interesseira, sobretudo em época de lutas para afirmação dos géneros, como se diz por aí. Sarangerel acreditou piamente na chegada de socorro e tentou convencer a mãe a aceitar um encontro para me conhecer, ia ajudar se visse que eu tinha um ar apresentável e cheio das melhores intenções, mas a mãe foi inflexível, prometi ao teu pai não ter nenhum contacto com esse moço que sempre desconheceremos. A destroçada Erdene também achava razoável a posição da mãe, uma apresentação formal podia ser entendida como um apoio ou pelo menos uma compreensão. E não devia haver compreensão nem encorajamento para nada. Sobretudo em relação a um abominável ser que destruíra a sua carreira nos serviços secretos, isto é, eu.

– Afinal, o que diz a tua mãe?

Era isso que interessava e não tanto o que a mãe ou a inútil Erdene achavam.

– Que é fácil fazer um aborto. E que seria melhor eu voltar para Leninegrado, de onde nunca devia ter saído.

Fiquei em silêncio, ruminando as palavras dela. Tinha aprendido com os meus bois, ruminar silêncios doirados.

– Eu disse que não queríamos um aborto, queríamos o filho. E só iria para Leninegrado se tu também fosses.

Ruminei silêncios com mais entusiasmo. Essa era a minha Sarangerel, reconhecia a miúda.

– Por isso não fazia sentido nenhum voltar para lá. Ela falou muito, que eu estava a desgraçar a minha vida. Tinha-me defendido até então, não deixou o meu pai tomar uma atitude mais forte, para desespero do resto da família, desejando um castigo fulminante e exemplar. Mas não podia fazer resistência por muito tempo. Só um irmão dela a apoiava, mas esse irmão mais velho era um quase desclassificado na família, o seu apoio de nada valia, pois viveu durante seis meses com uma americana na Austrália, onde fora enviado para uma missão diplomática, que se frustrou por causa desse relacionamento com uma agente do imperialismo internacional. Que eu reflectisse bem, devia fazer tudo para estudar. Estudando bem, depois casaria com uma pessoa importante da minha terra, com os mesmos hábitos, a mesma cultura, com quem ia constituir uma família feliz. A nossa família sempre tinha sido afortunada e importante, mesmo quando só tínhamos cavalos. Pelo lado do meu pai, éramos descendentes dos mongóis mais reputados, a começar por Gengis e Kublai Khan. Eu não podia deitar tudo isso a perder com uma precipitação juvenil...

Mais falou Sarangerel, quase imitando os gestos e a entoação da mãe, senhora que nunca vi para de facto constatar qualquer imitação, mas não era a minha miúda a falar, ela falava por outra e só podia ser a mãe. O pai estaria lixado se o caso fosse tornado público, ou mesmo chegasse aos ouvidos do Comité Central, difícil de não acontecer, provavelmente neste momento toda Ulan Bator que interessa, isto é, a corte rodeando o grande líder, já devia estar informada. A filha com um caso quando ainda estudante e, ainda por cima, com um tipo branco, de outro país, de outra cultura, apesar de dizer ser revolucionário... hum, dava para destronar qualquer ministro da Defesa. Um revolucionário sabe educar os seus filhos dentro dos princípios do socialismo, isto é, a fidelidade mais absoluta à pátria e ao grande líder. Ter uma ligação com um estrangeiro revela falta de fidelidade à pátria, prova de uma péssima educação em casa. E quem não sabe educar os filhos não pode ter um posto importante num país internacionalista e revolucionário. Portanto, filha, o futuro do teu pai e o nosso futuro estão nas tuas mãos. Se queres ver o teu pai destituído, enviado para trabalhar numa cooperativa de cavalos nas montanhas Altai, ou, pior ainda, no terrível deserto de Gobi, se não directamente para um campo de reeducação, então persiste na tua ideia e preparemo-nos para perder todos os privilégios e comer pão simples durante o resto da vida. De nada valerá a tua teimosia, aliás, pois o Partido impede o casamento ou a vida em comum com esse estrangeiro, esse ou outro. E forçará os soviéticos a expulsá-lo, que vá estudar para a terra dele. Decide portanto por nós, deixo o nosso futuro, as nossas vidas, nas tuas mãos. E chorava, a mãe, não por pena dela, a sua filha antes querida, mas por perder as regalias dos dignitários do regime e por ver destroçado o futuro do marido sexagenário.

– O que propõe ela, afinal?

– Já te disse. Aborto e Leninegrado. Senão seguiremos a vontade do meu pai...

– Que é?

– Não sei, não me disse. Mas deve ser pior, claro.

– O que pode ser pior?

De repente, sentia raiva. Raiva, ondas tenebrosas de raiva. Tinha de me controlar, não podia virar a minha raiva selvagem contra Sarangerel, ela não o merecia. Mas se devia notar nas minhas perguntas secas, se devia notar nos meus olhos duros, se devia notar nas palavras embargadas, ruminadas, pois a namorada dos meus sonhos começava a ter aquele ar assustado de quem se sente injustiçada. No entanto, apesar de saber tudo isso e uma parte de mim dizer o mesmo à outra parte, não evitei o inútil exercício de crueldade.

– Não me dizes, o que é ainda pior para o teu pai? Tirar-te a pele? Ou a mim? Mais, empalar-me como os teus antepassados faziam aos inimigos vencidos? O que é pior, afinal?

Sarangerel começou a chorar. Mas sem fazer uma cena. As lágrimas brotavam silenciosamente dos olhos e não punha a mãozinha à frente para as esconder. Lagrimava e aceitava as lágrimas, apenas. Levou a mão à barriga, num gesto que se tornara habitual, o de acariciar o nosso filho. Procura de compensação, de consolo, talvez. Os psicólogos explicam. De uma coisa eu estava certo, e foi essa a ideia que me manteve dentro de limites aceitáveis de raiva, Sarangerel nunca aceitaria que nos tirassem o nosso filho. Não haveria transigências, por muito que a mãe suplicasse e o pai chantageasse ou o Partido ameaçasse.

Sempre há compensações, afinal.

Ficámos assim, num nem água vem nem água vai, rio irresoluto entre a foz e a nascente.

O mesmo no dia seguinte. Novas revelações das conversas entre desesperada mãe e teimosa filha nada traziam de relevante. Apenas uma pequena novidade, Erdene já tinha sido despachada para a Mongólia, por reconhecida inutilidade. Que lhe passem muitos cavalos por cima e que ainda estejam a passar neste momento em que vos conto os meus padecimentos!

Até a mãe ir embora e Sarangerel ficar de novo inteiramente para mim. Não devia crer em milagres, mas então acreditei mesmo. A mãe voltou efectivamente para a Mongólia sem explicação e tínhamos o tempo todo só para nós. Podia ainda haver felicidade no mundo? Ousei mesmo infringir todas as regras e passar uma noite no quarto dela, no lar supervigiado, coisa que nunca tinha acontecido antes. Talvez fosse privilégio de filha de ministro, mas o quarto era só para ela, não o repartia. Aproveitei. Situava-se no andar superior, mais protegido portanto. Mas consegui subir as escadas sem que me vissem, perante o ar assustado e ao mesmo tempo entusiasmado de Sarangerel. Eu era o seu herói. A verdade é que nunca tínhamos passado uma noite juntos, apenas encontros fortuitos. Foi uma noite fantástica, mas arriscada de mais. Talvez não tivessem reparado, talvez não tivessem fotografado. Não eram assim tão bons em espionagem naquela época, me tentei convencer.

Jean-Michel deitou as mãos à cabeça no dia seguinte. Foi duro.

– Estás maluco ou quê? Dá-te por feliz porque a mãe dela foi embora e não insistiu mais na mudança para Leninegrado. Em vez de deixares passar um tempo a ver se as coisas acalmam, fazes uma estupidez dessas. Claro que sabem que dormiste lá. E claro que o pai vai saber. É um desafio à sua autoridade. Ele vai responder, prepara-te.

Os feiticeiros do Congo eram fortes e o meu amigo devia ser um deles. Adivinhou o meu destino, claro. Hoje sei, de qualquer forma não foi esse gesto infantil que forçou o meu destino, ele há muito estava escrito, esse destino adivinhado por qualquer feiticeiro do Congo.

No dia seguinte encontrei Sarangerel na faculdade e ela não escondia o sonho feliz que lhe ocupava todo o cérebro. Os olhos diziam, os olhos cantavam, brilhantes. No fim das aulas levei-a ao lar, mas não tive coragem de repetir a loucura da véspera.

Talvez ela tivesse ficado desapontada com a minha falta de ousadia, mas não o mostrou. Tinha a mesma canção nos olhos. E o mesmo brilho.

E depois desapareceu.

A cabaça de mel quebrou, por acção da manteiga.
Ou foi o contrário.
Nas fábulas da vida, algumas misturas são intoleradas.
Porém, com palavras doces, amigas.
Maiakovski estava equivocado,
As palavras não são sinos de redenção.

Não foi às aulas e telefonei para o lar. Ninguém sabia informar. O dia inteiro passou e nem uma palavra. Não era normal. Fui ao domicílio dela, mas já começava a escurecer e nem me deixaram entrar para obter a mínima informação. O mau pressentimento de Jean-Michel começou a se apoderar de mim.

Uma noite em claro, olhando para a janela, à espera dos primeiros fulgores do dia. Seria mais um dia ensombrado, de Inverno sem neve.

Apareceu então Nara, a outra mongol do lar de Sarangerel e estudante de medicina, mas que eu conhecia apenas de vista. Foi num intervalo de aulas, na faculdade. Ela parecia querer se esconder do sol inexistente, roçava angulosa por esquinas, se moldando aos buracos e saliências. Se aproximou sorrateiramente e me segredou a medo:

– Sarangerel foi para Ulan Bator. Apareceram no lar três homens da embaixada, nem a deixaram arrumar as coisas, levaram à força. Só no dia seguinte apareceu uma senhora para fazer as malas e sumir com elas. Essa senhora disse-me que Sarangerel tinha sido uma má menina e por isso foi expulsa para a Mongólia, para casa dos pais.

– Raptaram-na, queres tu dizer.

– Foi o pai que ordenou. Sarangerel gritou para mim, avisa Júlio. Eu sabia quem tu eras... oh, quem não sabia? Por isso vim avisar.

Nem agradeci a Nara a sua informação, tão tonto me encontrava. Nara de facto não me deu tempo, roçou pelos ângulos das paredes para desaparecer. Sarangerel raptada? Sarangerel em Ulan Bator? Sarangerel nas garras do pai dela?

E o meu filho?

Abandonei as aulas, andei como um perdido por Moscovo. Fazia muito frio, com o Natal à porta. Pouco me interessava o frio, resistia. O pior era não haver sol, nem neve. São os dias piores, os frios e sombrios, que corroem os sonhos, o futuro. Uma obsessão apenas, Sarangerel em Ulan Bator, Sarangerel longe de mim, como podia? Dois dias antes os olhos dela brilhavam e cantavam na despedida e agora estava perdida na Mongólia? Nara era falsa, vinha maldosamente enganar-me. Talvez Sarangerel tivesse alguma ligeira doença e ela aproveitou logo para me atormentar. A razão? Inveja, ciúmes, claro. As mulheres sentem inveja quando descobrem um grande amor retribuído. Mas logo em seguida a certeza, ela falava verdade, não tinha motivos para me atormentar, por muito diabólica que fosse. E nunca me constou que se desse mal com Sarangerel. Por outro lado, tudo fazia sentido. O pai esperou para ouvir o que a mãe lhe contava, argumentos que não o convenceram nem um pouco. Tomou então a decisão definitiva. Radical. A filha desobediente para casa e já. Tinha um exército às suas ordens, obedeceram. Sem lhe darem tempo de me escrever um bilhete, apenas o grito para Nara, avisa Júlio.

Ela demorou dois dias, mas veio avisar. Sabia o que lhe doía se a apanhassem comigo.

Há vigias nas embaixadas que não dormem.

Andei por Moscovo, me sentindo impotente para recuperar Sarangerel e o nosso filho. Tinha de procurar Nara, primeiro para agradecer o seu perigoso gesto, depois para tentar descobrir meio de ela entrar em contacto com Sarangerel, saber algo, o pouco que fosse. Havia mais que uma escola de medicina em Moscovo, mas perto do lar de Sarangerel só aquela. Nunca punham os estudantes em lares longe dos locais de estudo. Iria lá no dia seguinte, não existiria mais de uma estudante mongol chamada Nara em medicina. Com o azar com que eu andava, até poderia haver centenas, apenas para me desorientar. Não importava, eu descobriria a verdadeira. Demorasse o tempo necessário, pouco mais me interessava. Fui dar a informação a Jean-Michel e chorar no seu ombro, como tão poucas vezes fiz no colo da minha mãe. Devia ter aproveitado enquanto foi tempo, mas era um miúdo com manias de duro, formado pelas rochas da infância, difícil de chorar. Agora era tudo o que me apetecia fazer, fugir do frio das ruas ventosas e chorar no peito ou no ombro de alguém amigo. Já que não havia rochedos...

Jean-Michel foi o escolhido, também estava mais à mão.

O meu companheiro de quarto conteve a indignação, me deu vodka para combater o gelo do corpo e da alma. O sistema de aquecimento do lar era antiquado e reduziam nos gastos de gás. Os quartos convidavam pois ao consumo de vodka, para aquecer. E não havia melhor maneira de derrotar o vento gélido vindo da Sibéria. Talvez por isso muitos de nós voltaram da União Soviética com um curso hoje pouco valorizado... e um vício. Nunca nos queixámos disso, também não somos ingratos. E a vodka é uma grande bebida, digam o que quiserem os fanáticos do uísque. Mas não era de bebidas que eu ia falar, sim da minha dor. E de como Jean-Michel me consolou, contando a estória da tia dele, outra desgraçada. Soubera na véspera por carta familiar, mas não me disse nada naquele momento, por me ver tão inquieto pela falta de notícias de Sarangerel. Porém, agora achava ser o tempo certo, pois se consola uma desgraça mostrando que há outros bem desgraçados também.

Era uma carta grande da irmã, vivendo em Brazzaville.

A tia, que eles tratavam por Dianne embora sabendo não ser o verdadeiro nome dela, tinha resolvido vir de Ponta Negra, cidade da costa. Em vez do comboio, preferiu o avião. Deve ter enlouquecido no ar, aquelas caranguejolas que andavam lá por cima não aguentavam as fortes tempestades equatoriais, umas tantas caíam e as que sobreviviam punham os passageiros a se borrarem (literalmente) de medo. Supõe a família, o avião terá entrado numa tempestade com trovoadas e raios e nuvens negras como a noite. O terror foi tanto que a tia Dianne, farta de gritar e ouvir os outros passageiros gritar e se agarrar à cadeira, queimou definitivamente os fusíveis, autodefesa. Ao chegar a Brazza, não dizia coisa com coisa. Largou mala, largou casaco, veio a pé do aeroporto dizendo que andava pelo ar quando acabou o combustível e aterrou em cima de uma árvore. As pessoas começaram a rodeá-la. Há gente a mais e sem fazer nada na cidade, procurando sempre uma diversão. Não sabiam que ela tinha vindo de avião, apenas percebiam que lhe tinha acabado o combustível e aterrara numa árvore. Só podia ser uma feiticeira voando pelos ares. O boato depressa se espalhou, uma feiticeira caíra em cima de uma árvore porque lhe falhara a vassoura. Convém explicar, as pessoas são conservadoras e passam a vida a falar nas tradições africanas, criticando culturas alheias e as suas imposições neocoloniais, mas se socorrem facilmente de lendas estrangeiras como essa de as feiticeiras voarem com vassouras, superstição de raiz europeia. Juntava-se gente, cada vez mais gente, ganhando raiva e coragem com o número. Até que alguém se lembrou de atirar a primeira pedra. A irmã de Jean-Michel diz que a família não sabe como a tia Dianne ficou viva com tanta pedrada que levou. Ninguém lhe pontapeou ou deu murros, todos com medo de tocarem numa feiticeira, mesmo com o bico do sapato. Mas atirar pedras é seguro, não contagia. Está entretanto internada no hospital. Os filhos vieram de Ponta Negra e aos poucos foram juntando os fios da estória para perceberem o que se tinha passado. Tudo suposições, claro, mas com muita credibilidade. E a pergunta que se fazem é qual a razão de ela, antes de enlouquecer, ter decidido ir de avião se o comboio é muito mais seguro, embora a viagem demore mais de doze horas. A tia Dianne não explica nada, esqueceu já as aventuras aéreas e a aterragem em cima da árvore. Apenas se queixa, sente bué de dores. Vai escapar das pedradas e temos mais um maluco na família, concluiu Jean-Michel, para me arrancar um sorriso.

Foram entretanto noites mal dormidas. E os dias não eram melhores. Frios, ventosos, sem esperança. Até ao Natal. Descoberta facilmente na sua faculdade, Nara foi de pouco préstimo. Prometeu dizer qualquer coisa quando conseguisse entrar em contacto com Sarangerel. Tentaria, garantiu. Mas não quis ficar comigo mais que dois minutos, se escapuliu de olhares indiscretos e perigosos. Eu devia ter sarna. Pelo menos para algumas pessoas em Moscovo.

Não chegavam notícias, nem sequer da direcção do Movimento.

Decidi então ir à embaixada mongol requisitar um visto de entrada no país. Sem pedir conselho aos amigos, pois já tinha percebido que ninguém do meu conhecimento sabia lidar com situação tão complicada ou tinha influência para tanto. Logo se veria o que a minha tentativa ia dar. Depois de ter o visto pensaria na maneira de comprar um bilhete de avião e de recolher a necessária autorização soviética. Era assunto a tratar por partes.

Na embaixada, havia absoluto vazio de clientes, por isso os assuntos podiam ser resolvidos rapidamente. No entanto foram precisas muitas explicações e insistências para chegar a um guiché onde estava uma mulher igualmente de cara redonda, mas mais velha que Sarangerel. E sem os olhos dela, luminosos. Esta tinha os olhos comuns, semicerrados, mas com algo de sardónico a bailar entre as pálpebras. Como se já tivesse a resposta para as perguntas que ainda lhe não tinha feito. Para obter o visto, primeiro tinha de apresentar um passaporte, me disse. Eu não possuía. Viajara para Moscovo com um livre trânsito passado pela embaixada soviética de Marrocos e válido apenas para uma ida à URSS. Tinha um cartão de estudante, que permitia alguns descontos e frequentar bibliotecas e outros locais. E um cartão de residência provisória, que todos os anos devia renovar. Isso não chega, é preciso passaporte, disse a funcionária, feliz com a minha desgraça. Expliquei que era estudante bolseiro, como o cartão provava, membro de um movimento de libertação africano, por isso não podia ter passaporte. Se nem país ainda tinha, pois se tratava de uma colónia oprimida, como ia ter passaporte? Era uma questão de internacionalismo proletário. Sem passaporte não pode ter visto e sem visto não pode viajar para a Mongólia, repetiu ela, quase sorrindo, ignorando o proletariado, aliás quase inexistente no seu país de estepes e cavalos. O meio sorriso não era de compreensão ou humanidade, apenas de gozo sádico. A minha fotografia devia ter corrido por todos os funcionários da embaixada com um aviso por baixo, corram-no a pontapé. A zelosa funcionária logo terminou a brincadeira dizendo que se insistisse tinha de pedir auxílio, o que significava chamar dois gorilas para me porem a andar dali.

Gostavam de soluções radicais, se notava.

Saí, conformado. Também não depositara muitas esperanças prévias na diligência. Mas tinha de tentar. É na capacidade de perder e mesmo assim lutar que está a grandeza. Quem escreveu esta sentença já não sei, mas terá sido um grande homem, por certo.

Estava na época do Natal, embora em Moscovo pouca gente o festejasse. Permitiam só em algumas igrejas e no recato das famílias. E era festejado em Janeiro e não a 25 de Dezembro. Mas o facto de existir Natal fazia lembrar a família, mesmo a um ateu como eu. No Lubango eram dias óptimos, pois havia as sempre desejadas férias escolares, abundava a comida e os bolos, familiares reunidos em grandes bandos, e as prendas para as crianças e jovens. Agora eu pensava nas minhas duas famílias separadas. A do Lubango, lá permanecendo provavelmente sem notícias minhas, e a de Ulan Bator. Destinadas as duas a nunca se encontrarem, por vontade dos homens.

Ou só pela vontade de um homem, o general que não quis ser meu sogro.

Passaram semanas, passaram meses. Num desses meses, Nara voltou de umas férias na Mongólia. As primeiras a que tinha tido direito, dez anos depois de deixar a família, me disse. Pelo facto de não tentar arredondar com o corpo as esquinas, depreendi ter deixado de constituir perigo para a sua integridade física ou moral. Aceitou caminhar comigo um bocado para me contar coisas da minha amada.

Era pai de uma menina.

Foi a notícia mais importante, logo de rajada. Depois explicou, lá chegada insistiu para saber onde Sarangerel morava, pois nestes países nem sempre é fácil descobrir onde vive um ministro ou a sua família. Os ministros são seres imprescindíveis, insubstituíveis, têm de ser protegidos dos olhares estranhos que os podem deformar ou enfraquecer. No mínimo, empalidecer o brilho do poder. E como qualquer estranho é um potencial terrorista, quando ela bateu à porta foi muito complicado falar com alguém que confirmasse a existência de uma cidadã chamada Sarangerel, quase segredo de Estado. Finalmente apareceu ela e trocaram notícias. Sarangerel falou do parto e do desconhecimento total do que seria a sua vida futura, embora uma coisa estivesse assente, não voltaria a Moscovo. Nara contou a minha tentativa de obter visto para a Mongólia e as perguntas insistentes por notícias. Que Sarangerel chorou ao falar de mim e da filha. Confirmando ter sido o pai a ordenar o seu rapto. Os polícias soviéticos olharam para o lado quando ela atravessou a fronteira do aeroporto, acompanhada de dois membros da embaixada que a escoltaram até casa do general para a entregarem pessoalmente.

Aos amigos especiais os soviéticos não pediam portanto visto.

Não trazia carta, Sarangerel não queria metê-la em situações difíceis, o que sucederia se fosse apanhada com um papel escrito para mim. Trazia apenas um recado verbal, o melhor era esquecê-la e fazer a minha revolução. Uma frase valendo uma ruptura definitiva. Não veria mais olhos cantando brilhos? Nara tirou-me qualquer ilusão, Sarangerel está convencida que os pais estão a deixar passar tempo para resolverem o futuro dela, casando-a com algum mongol mais ou menos importante. Depois da filha crescer um pouco e o escândalo amansar. Se fosse já, só conseguiriam alguém sem grande futuro. Passado mais tempo, poderão arranjar um genro com uma carreira se não brilhante, pelo menos aceitável. Não foi assim tão clara, explicou-me Nara, mas entendi nas meias palavras sussurradas. Sussurradas? Só então me apercebi, claro, casa de ministro é vigiada pela polícia secreta, as paredes estão pejadas de microfones, não são só as muralhas do Kremlin, os ministros são seres superiores e por isso reféns do seu poder. As duas raparigas devem ter conversado durante poucos minutos e olhando para todos os lados, murmurando. O que quer dizer que nada mais haveria a retirar de Nara. Ainda lhe perguntei se podia me dar o endereço de Sarangerel ou arranjar maneira de lhe fazer chegar uma carta. Ela negou, nem pensar. Não sai mais de casa até arranjar noivo. E nenhum papel entrará para ela sem ser lido pelo pai.

– Mas eu quero escrever ao pai dela – quase gritei. – Se não me deixam ir lá falar com ele, quero escrever.

Nara olhou para mim como se fosse louco furioso. Nos olhos da futura médica transparecia algum receio. De eu cair num fosso e a arrastar na queda?

– Faça o que ela diz, esqueça. É melhor.

Como se eu fosse capaz de deixar a minha filha na casa de um monstro. Apesar de general-ministro de "um país amigo"...

REGRESSO A ÁFRICA

O certo é que deixei, fui obrigado.

Terminei o curso com a obrigatória distinção, todos tínhamos. Durante esses anos cinzentos, consegui raras notícias de Sarangerel, por Nara. Como as cartas eram controladas, a minha miúda só falava da filha. Para a Nara me contar, claro. Como crescia, como começou a falar, como era excepcionalmente inteligente, essas coisas que os pais separados dos filhos gostam de saber. Muitas vezes me recolhia ao quarto depois de um encontro com Nara e chorava. Pela ausência das duas. Sarangerel nunca contava nada de relevante sobre si própria, como se a vida inexistisse. E talvez a vida dela fosse mesmo isso, um não existir, fechada em casa, vivendo apenas para a filha. Não devia ainda ter casado, porque senão teria contado a Nara, era mesmo uma parte que a censura mongol sublinharia e hiperbolizaria em vez de suprimir. Podia omitir a notícia, para não me fazer sofrer. Mas os zelosos censores iriam estranhar, então escreve uma carta a uma amiga e não fala do casamento, a coisa mais importante na vida de uma mulher? Os censores marxistas nem reparariam no sexismo da sua própria ideia, apenas desconfiariam certamente de haver outro destinatário. E de mim, evidentemente ela não dizia nada, nunca mencionou o nome ou a minha imagem, apenas vagas sugestões, pelo menos parecendo vagas sugestões à minha teimosia de não me deixar convencer. Compreendia a necessidade do silêncio, embora me provocasse uma estranha sensação. Sabem o que é sentirem-se apagados, escorraçados da história? Talvez não saibam, poucos hoje em dia viveram as experiências de colonizados ou de escravos, que significa exactamente a não existência, o terem sido de repente apagados do mundo, da vida, da memória, transmutados em não-seres humanos. Esperava que Sarangerel ainda me amasse, sofresse com a separação, e imaginasse loucos planos de fuga para se juntar a mim. Ela não escreveria nada podendo ser interpretado como um desejo qualquer de fuga. Para deixar aberta a possibilidade de fugir, um dia. Eu compreendia. Mas estranhava, me deixava numa confusa situação entre a raiva e o vazio da não existência, o limbo. Era um jovem muito irracional, muito contraditório, reconheço.

Seremos sempre racionais? Que monotonia!

Uma vez que não me tinham deixado ir falar com o pai dela, escrevi-lhe uma carta. Em russo, no melhor que possuía, sem pedir o aprimoramento de Olga, como é óbvio. Sei, era capaz de escrever um russo decente, certamente melhor que o dele, já aprendido quando era adulto e a revolução lhe apanhou no meio do percurso para general. Mandei a carta para o ministro da Defesa Nacional da República Democrática e Popular da Mongólia, eram todas democráticas e populares no nome. Talvez chegasse ao destino. Como não houve resposta, escrevi outra. Voltava a protestar, embora em termos delicados e formais, por me terem afastado compulsivamente da minha filha e da mãe, reafirmava querer casar com Sarangerel e por isso pedia ao general para me arranjar autorização de viagem até Ulan Bator e a realização da cerimónia. Não houve resposta também. Nunca haveria, estava cansado de saber. Mas queria apenas mostrar ao monstro que não tinha medo dele e não me calava. Sempre fui teimoso, cheguei a confessar? Nas minhas noites de desvario, chegava a imaginar uma discussão com o todo-poderoso ministro, os dois montados em cavalos sem selas, numa imensidão de estepe que me fazia lembrar as terras de Benguela ao Namibe, sem o calor delas, naturalmente. Nunca vi o personagem, pois Sarangerel escondeu as fotografias de família. Mas imaginava o tipo género guerreiro terror das estepes, com um enorme machado de duas lâminas e olhar facínora, rabicho de cabelo e farta barba hirsuta, a gritar não te aproximes da minha filha. E eu, de mãos nuas, a tremer de frio, pois apenas envergava uma t-shirt vermelha e preta, as minhas cores da guerra, e uma estrela amarela na boina guerrilheira, lhe mostrando os dentes rangentes, não tenho medo de ti, devolve a minha mulher, devolve a minha filha, troglodita de meia tigela.

Devaneios de noites de insónia, claro.

Chegou entretanto a altura das despedidas. Jean-Michel foi o primeiro a partir, ansioso por participar na Revolução do seu país, animado pelas cartas e notícias recebidas de Brazzaville. Foi mantendo regularmente correspondência comigo, encontrou enfim a jovem dos seus sonhos no bairro Mpila, viveu com ela nesse bairro de subúrbio até ao fim trágico, o qual já conhecem.

Moussa tinha entretanto casado com uma russa, enfermeira e membro do Partido Comunista. Me contou das suas hesitações. Ele já não era crente, mas a família continuava obviamente muçulmana. Podia ele levar para o Senegal aquela mulher destinada a ter hábitos livres, fruto de uma revolução que libertara de facto a mulher, e enfiá-la numa casa onde viviam dez pessoas, e todas a controlarem os seus gestos e pensamentos? O próprio casamento russo seria válido no seu país? E seria ele capaz de a obrigar a casar segundo os ritos do seu povo e religião? Outra questão espinhosa se prendia com a própria liberdade dela. Os soviéticos iam deixá-la sair do país para acompanhar o marido? Talvez o fizessem, mas com que restrições futuras? Moussa não estava arrependido de ter casado, longe de lá, mas dizia, sabes como é, uma pessoa regressa à terra, cai no seio da família tradicional, as mais velhas começam a se meter entre nós, a dar palpites, a criticar os hábitos estranhos, que branca foi essa que nos trouxeste, não podias esperar para arranjar uma das nossas, vais ter filhos enjeitados, nem carne nem peixe, mulatos, com os estranhos hábitos da mãe de não crer em nenhum deus, e eu fico todo atrapalhado, amarrado pelas contradições, a tentar justificar e a consertar os conflitos, não dá, meu, não dá mesmo. Conheço a minha gente e conheço a minha mulher, não se vão entender desde o primeiro dia e tenho de descobrir uma solução conciliatória. Moussa fez o que não desejava nem tinha previsto à partida, acabou por partir para Paris com a mulher, devidamente autorizada pelos soviéticos, *Inch'Allah*, até encontrar emprego em algum país, africano de preferência, mas sobretudo onde os dois se sentissem estrangeiros e portanto livres de se amarem e viverem como entendessem. Claro exemplo da fuga de cérebros.

Oh, como se repetem experiências.
Uma vez e ainda mais outra.
Nunca se aprende nada sobre o amor e ele é um eterno retorno ao tema das cabaças trocadas.
Nem sempre, porém, a cabaça de manteiga destrói a de mel.
Luares de esperança no horizonte.

Quanto a Salim, as coisas pareciam mais simples. Partiu sem se despedir, à maneira do gato tranquilo que sempre foi. Segundo constou, mujimbos apenas, porque notícias nunca enviou aos antigos amigos, voltou à ilha natal de Zanzibar, se impregnou dos fortes cheiros a cravinho da cidade de pedra, sua capital, mergulhou demoradamente nas cálidas águas do Índico, fazendo poucas ondas à superfície, e deve ter explorado calmamente recifes de corais muito profundos, de modo que nunca mais soube dele. Houve convulsões políticas próprias a Zanzibar e também no conjunto do país, a doce Tanzânia, mas o nome de Salim nunca sobressaiu de notícias vagas. Se teve algum papel de relevo, consta apenas da história local, não ultrapassou fronteiras, como é devido às pessoas normais. Deixou de fazer parte da minha história pessoal, talvez mesmo da História. Assim me separei dos meus amigos de Moscovo, nenhum dos quais pensava voltar a encontrar. Excepto Esmeralda, mas essa era angolana, os nossos caminhos haveriam de se cruzar muitas vezes ainda. Inevitavelmente.

Passei a vida a perder amigos.

Depois da formatura, teria de sair de Moscovo para fazer treino de guerrilha. O Movimento tinha finalmente acedido ao meu pedido de participar activamente na libertação. Mandaram-me primeiro para o Sul da Rússia, perto do mar Negro. Fiquei maravilhado com a decisão. O clima era melhor, quase temperado, e seria integrado num grupo de mais estudantes angolanos a serem preparados militarmente. Antes de partir, fui falar com Nara, a qual ainda ficaria dois anos em Moscovo para concluir o curso de medicina. Dei-lhe o que supunha seria o meu endereço durante o treino militar e pedi para me reproduzir qualquer carta recebida de Sarangerel. A futura médica parecia boa amiga, concordou prontamente com a minha pretensão.

– Pedi para ir novamente de férias – explicou. – Se me autorizarem, e acho que sim, este ano ou no próximo, pois já tenho tempo regulamentar de lá voltar, vou procurar Sarangerel. Prometo. E no regresso escrevo-te a contar todas as minhas impressões. Mas só te escrevo a partir de Moscovo, não de lá, por causa do controlo.

– Claro. Obrigado.

Nara tinha a sinceridade no sorrir dos olhos. E era amiga de Sarangerel, embora não muito chegada. Dava para desconfiar ser apenas uma promessa ligeira, das feitas para não serem cumpridas, apenas para me ver pelas costas? Acreditei.

No entanto, nunca mais vi Nara, nem com ela falei, nem carta recebi. Admitamos, pode não ter sido culpa sua. O destino tece muitas armadilhas à volta das pessoas e das suas boas intenções, impedindo-as de realizar o mais desejado.

Fiz o treino, portanto.

O instrutor principal tinha sido comissário político, conforme afirmava, durante a Segunda Guerra Mundial, na Ucrânia ocupada pelo exército nazi. Era perito em guerra de guerrilha, sobretudo em acções de sabotagem, minas e armadilhas. Nas folgas entre aulas e exercícios, contava detalhes das operações em que participara e em outras de que ouvira falar. Desfilava diante dos nossos olhos a resistência à ocupação nazi e os combates duríssimos que puseram fim ao regime abominável de Hitler. De qualquer modo, para os mais interessados em aprofundar o assunto, havia alguma literatura, embora insuficiente porque unilateral. E exibiam também os inevitáveis filmes a preto e branco, só mostrando coragem e abnegação de um lado e covardia e prepotência do outro. Felizmente, nos filmes pelo menos, os bons ganhavam sempre. E os bons eram os nossos amigos, guerrilheiros ucranianos e soldados soviéticos, unidos como um bloco de aço. Ele gostava de comparar a resistência feita na Ucrânia pelos comunistas com a da França ocupada pelos alemães, muito menos efectiva na realidade mas mais conhecida hoje, pelo facto de os escritores e cineastas franceses usarem o assunto exaustivamente para as suas obras do pós-guerra, criando um orgulho nacional periclitante e comprometido. Os americanos aproveitaram também para terem tema fácil de vender, os americanos comerciavam tudo, até lembranças de guerra e destruição. Tudo ficção, aldrabice, dizia o nosso instrutor, os franceses não combateram nada, foram derrotados em pouco mais de duas semanas e depois andavam de rabo enfiado entre as pernas a se esconderem da Gestapo, mas todos os consideram uns grandes heróis, uns resistentes ímpares. Infelizmente não tínhamos tantos escritores ou cineastas famosos a pintarem a nossa luta, ou até chegávamos a ter mas ninguém lhes liga importância, acrescentava. Por ironia do destino, hoje parece que foram os livres guerrilheiros franceses os libertadores do seu país e não os detestados ingleses e americanos, ria ele. Ou nós, os soviéticos, que, ao dizimarmos o exército do Hitler deste lado, obrigámos o nazi a desguarnecer o flanco ocidental e permitimos a chegada dos aliados ocidentais, que só desembarcaram na Normandia porque tínhamos atraído os boches para aqui e os destroçámos. Essa história da Segunda Guerra Mundial está pessimamente contada pelo cinema e pelos escritores burgueses do Ocidente. Como vêem, rematava, puxando a brasa para a sua sardinha um pouco a despropósito, é importante saber imobilizar um exército com as minas e armadilhas.

Nunca me interessei muito pelo assunto das minas e armadilhas, preferindo armas mais directas e tratando com homens em grupo, isto é, infantaria. Me parecia uma guerra mais limpa, já que tínhamos de fazer alguma. O comissário acabou por descobrir o meu preconceito quanto às armas traiçoeiras e se desiludiu de mim. O seu foco de interesse mudou para outros companheiros mais frios e calculistas, capazes de enterrarem uma mina e depois a desenterrarem sem suar. Não é bem uma questão de coragem ou medo. É um problema de estrutura mental. Há quem seja mais explosivo e por isso prefira os ataques frontais. E há quem seja mais ponderado e capaz de executar gestos comedidos e precisos em situações de transe. Há quem não pense, no momento da acção, nas pernas cortadas a meio e nas vidas destruídas, sobrevivendo a vítima apenas para tormentos e discriminações futuras. Talvez pelas reminiscências desse treino no mar Negro, fiquei sempre com horror a minas e explosivos.

Fiz portanto treino de infantaria, com grau de comandante, e logo de seguida me embarcaram para Argel, sem regressar a Moscovo, perdendo a oportunidade de contactar Nara mais uma vez. Dava para protestar com os benfeitores soviéticos? E quais os argumentos? Saudades da cidade, vontade de rever as muralhas do Kremlin, de observar pela última vez as cúpulas douradas das igrejas? Uma mala com a pouca roupa que escolhi, deixando a de Inverno num sítio qualquer, um pacote dos livros de estudo, um diploma, a certeza de que estava preparado para fazer guerra de guerrilha e muitas ilusões de revolução na cabeça, com um desgosto pesado a contrabalançar por perder a minha recente família, eis a parca bagagem.

Com ela desembarquei num dia festivo da Argélia, um sol radioso num céu azul, prometendo tudo de bom para o mundo. Voltava mais uma vez a África. Definitivamente?

Nunca se sabe responder à questão da definitude, eis o Homem.

Em Argel encontrei bastante compreensão. Dos meus companheiros, em primeiro lugar. Eles conheciam o drama que vivi. E, curiosamente para gente disposta a morrer por um ideal, todos percebiam ser importante para mim reaver mulher e filha. Como se o futuro familiar fizesse pender a balança da justiça como povo para o nosso lado. Um talismã? Nós éramos os que lutávamos pelas famílias unidas, embora muitas vezes subestimando nas afirmações o próprio conceito de família, nós éramos portanto os lutadores pela humanidade e pelo amor. Palavras pesadas que não ousávamos sequer pronunciar mas estavam, afinal, no fundo de cada um. Tudo misturado à crença mais ou menos assumida em talismãs, espíritos ou kijilas,* em conjunto com o materia-

* Kijila: tabu, proibição. (N. E. B.)

lismo dos marxistas... Salada ideológica que os "nossos amigos do campo socialista" jamais compreenderiam, está bem de ver. E no entanto era tão simples de perceber, bastaria sermos pessoas, ainda por cima africanos.

Compreensão também das autoridades argelinas, as quais, alertadas pela representação diplomática do Movimento em Argel, imediatamente fizeram pressão sobre os soviéticos para ajudarem na solução do caso, reunião de uma família. Acreditei no sucesso da empreitada, juro que acreditei. Não conhecia, de facto, "o campo socialista" e o seu "internacionalismo".

Continuavam a existir as conhecidas "dificuldades subjectivas" para fazer os angolanos brancos participarem directamente na guerra contra os colonialistas, pois as populações oprimidas durante séculos por brancos ou por outros a mando de brancos não compreendiam poder existir gente da nossa cor disposta a lutar desinteressadamente pela independência (e tenho de acrescentar, desde o primeiro minuto entendi essa dificuldade tão compreensível). Uns achavam, se tratava de infiltrados pela polícia política portuguesa para minarem por dentro o Movimento, não seria a primeira vez. Outros, mais tolerantes, pressentiam apenas o desejo oportunista de ganhar posições políticas para não perderem inteiramente as fortunas amealhadas pelos pais colonos. Uns e outros rejeitavam a participação directa, para um dia não terem de conceder a nacionalidade angolana a brancos filhos de colonos e deles voltarem a receber ordens e humilhações. Dava para compreender, apesar de injusto. Naquele tempo de definições primordiais! Por isso eu aceitava as relutâncias e não insistia demasiado, mais cedo ou mais tarde haveria um consenso sobre as nossas razões. Afinal, muita coisa dependia da postura que tomássemos, do comportamento irrepreensível que assumíssemos.

Permaneci pois em Argel mais tempo do que era o meu desejo. No entanto se tornou útil. Ganhei experiência profissional na minha área de estudo e, sobretudo, conheci as primeiras tentativas sérias de se construir um país realmente independente em África. Não era fácil, apesar de a Argélia ter gás e petróleo, além de um clima excepcional para as culturas mediterrânicas.

Primeiro foram as vinhas que desapareceram ou quase, porque o vinho era proibido aos muçulmanos e eles produziam a bebida sobretudo para os franceses. Uma metade de vinho francês e outra metade de vinho argelino davam o Bordeaux conhecido no mundo, me contavam os novos amigos. Eis a razão por que o Bordeaux de hoje já não é o que era, falta-lhe o sabor do nosso sol de África a amadurecer as uvas. A revolução agrária acabou praticamente com o vinho, sobretudo o soberbo *La Trappe blanc de blanc*, orgulho continental, património da humanidade. Só nunca foi dado este título pela UNESCO ao famoso branco por receio de ofender certos fundamentalismos no mundo árabe e também para não acalentar algumas memórias saudosistas do passado colonial francês, mais chauvinista e inconformado que outros. E todos sabemos como os antigos colonialismos continuam a dominar as organizações internacionais e mais modernamente as chamadas ONG... Mas dizia, o vinho praticamente acabara. Existem nichos, mas são só isso mesmo, nichos de saudade.

Depois veio a queda na produção do trigo, por se querer substituir todas as quintas europeias do tempo colonial por cooperativas de camponeses. O princípio estava certo, sabemos hoje nós, houve regiões do mundo onde deu certo, só que não foram escolhidos os melhores gestores ou, muitas vezes, se cedeu ao populismo de aceitar gente sem preparação eleita pelos camponeses analfabetos. Nem sempre são os melhores eleitores para grandes questões económicas, temos de convir. Em seguida ou ao mesmo tempo, surgiu a tentação fatal de nacionalizar todo o comércio, mesmo o mais pequeno, em nome do socialismo, e então a *Casbah* em peso se revoltou, tendo os produtos desaparecido das lojas num ápice. O governo recuou, ninguém podia ir contra a *Casbah*, o maior centro do nacionalismo argelino, o que mais mártires tinha dado à causa da independência, e o verdadeiro centro do poder popular. O mal, no entanto, estava feito. Perdida a confiança dos pequenos comerciantes e dos agricultores no seu governo, tudo começou a correr mal. Golpe de Estado, regime militar, discurso libertador de circunstância, igual ao resto de África. Morta a mística da revolução socialista e popular, ficou de qualquer modo a solidariedade em relação aos povos que lutavam pela independência em África. Nunca a Argélia falhou nesse dever, posto acima de todas as dificuldades e incompreensões. Ganhámos nós com isso.

Ganhei eu, que um dia me meteram num avião, vai à Mongólia negociar a tua vida, meu irmão.

Levava passaporte argelino com um nome árabe muito sonoro, como são todos eles, Said Benselama. Said em árabe quer dizer o sortudo, o feliz. Era uma boa profecia, me disseram. Aparecia no passaporte como nascido em Tlemcen, cidade da parte ocidental da Argélia e muito tradicionalista, numa data fictícia. A única coisa verdadeira do passaporte era a minha fotografia. Gozei comigo mesmo, oficialmente deixaste de ser quem és, agora és Said Benselama. Mas se revelou mesmo bom aquele passaporte, pois entrei em Moscovo sem problemas. E dali viajei no dia seguinte para Ulan Bator. Só que os responsáveis mongóis sabiam sob que nome ia, pois me apanharam logo no aeroporto, embora eu também não pretendesse viajar incógnito. Uma intérprete veio falar comigo, vamos levá-lo ao hotel e amanhã discute-se o seu caso. Pareceu-me razoável, estava extenuado. Dois homens e a mulher deixaram-me num hotel decente do centro. Apesar de ter passado a minha infância a dois mil metros de altitude, num clima relativamente frio, nada se podia comparar a Ulan Bator. Diziam ser a capital mais fria do mundo e muito mais tarde conferi na Internet. Deve ser verdade, o ar corta e o oxigénio falha.

Preferi ficar no quarto de hotel, com escassas comodidades, sem interesse em conhecer alguma coisa mais da cidade, esperando o dia seguinte. Mesmo no quarto sentia alguma dificuldade em respirar, como tinha sentido logo ao desembarcar e no carro. Primeiro pensei ser apenas questão nervosa, ansiedade de rever o meu amor, mas em breve percebi estar relacionada com o clima seco e frio. Não sabia o que ia se passar no dia seguinte, supunha apenas que íamos conversar sobre mim e Sarangerel. Já não era mau, mesmo desconhecendo os interlocutores. Por insistência dos amigos argelinos, o governo mongol tinha aceitado, a título absolutamente excepcional, a minha presença na sua capital. Grandes kambas* argelinos! Isso revelava a sua influência na arena internacional, pelo menos entre os países ditos socialistas. Agora ia depender de mim, da minha capacidade de persuasão. Tinha de mostrar não ser nenhum selvagem iletrado, antes uma pessoa com princípios morais e boa formação ideológica, disposta a lutar pela emancipação dos povos do mundo e pela felicidade de Sarangerel e da filha. E, sobretudo, que nada tinha a ver com o imperialismo internacional, sendo mesmo um dos seus mais intransigentes adversários, o que era estrita e absolutamente verdade, pelo menos na época. Ingenuidade minha achar que tão nobres razões podiam passar como salvo-conduto, pois era pouca garantia em tempos de Guerra Fria paranóica e espionagem exacerbada.

Não jantei, ficando no estômago apenas com o que tinha comido no avião. E não consegui pregar olho. Estava perto de mais de Sarangerel e da minha filha, ao fim de tantos anos de angústia e falta. Esse pensamento não me deixava dormir. A minha filha já teria seis anos. Tinham passado velozmente, sem mim.

---

* Kamba: amigo. (N. E. B.)

A única coisa que descobri no dia seguinte foi o facto de a minha filha andar na escola. Grande novidade! Os mesmos três me vieram buscar ao hotel numa Tchaika* oficial, preta e de vidros fumados, sem explicações. Se via, faziam um frete e não tinham vontade nenhuma em conviver com um estranho, provavelmente apelidado de inimigo declarado do povo mongol. Andámos por umas tantas ruas todas parecidas e paralelas, de prédios idênticos de apartamentos quadrados, e depois pararam o carro. Do lado esquerdo havia uma escola, onde entravam crianças fardadas, ostentando a alegria própria das ocasiões festivas. Ao fim de um certo tempo parou à nossa frente um carro igual ao nosso. Dele saiu uma menina de uns seis anos, mas nitidamente mais alta que as outras. A mulher ao meu lado sussurrou em russo:

– É a sua filha. Como vê, está a ser bem tratada.

Eis o resultado da mistura de cabaças.
Não havia monstros de duas cabeças, oma-kisi comedores de gente. Não havia estranhos rumores no vento.
O mel tinha dominado a manteiga ou o contrário.
Harmonia tinha sido criada.
Uma criança normal era o remate do amor deles.
Como não soluçar no grande silêncio da estepe?

Tentei abrir a porta mas estava trancada. A criança avançou para a escola, fazendo gestos e falando para as colegas, sem virar a cabeça para o nosso lado. Forcei de novo a porta mas não cedeu, como nunca cedem os carros soviéticos. Só vi uma farda coberta por um casacão de pele, uma figura menos arredondada que as

* Tchaika: marca de um carro russo de grandes dimensões, própria de altos dignitários do regime soviético. (Nota da Edição Portuguesa)

outras, todas vestidas da mesma maneira. Nem a cara da criança pude distinguir.

Perante os meus protestos impotentes, o carro arrancou e levaram-me de novo ao hotel. Para lá fiquei esquecido umas horas, durante as quais almocei no restaurante. Tinha o inevitável *bushuur*, espécie de pastel de massa tenra feito com carne de cordeiro, que escolhi porque umas vezes Sarangerel tinha feito para mim com todo o mimo e dito, esta é a comida mais popular da Mongólia. Depois do almoço, vieram os três esbirros, e a mulher disse, o melhor é sairmos já com a mala feita para a viagem, ganhamos tempo. Fechei a mala, a qual quase não tinha desfeito, supondo que me iam mudar para uma residência oficial, como havia muitas nesses países, para ficar mais à vontade e contactar a família. Qual não foi pois o meu espanto quando me vi a caminho do aeroporto... Que se passava, perguntei, mas ninguém respondeu e a mulher, que era intérprete, ou pelo menos falava russo, não abriu a boca a partir de então. De repente deve ter esquecido todo o russo que sabia, é habitual nesse tipo de intérpretes, como haveria de aprender mais tarde, contactando com outros governos parecidos. Também não havia ninguém no aeroporto para falar comigo e me meteram quase à força no avião para Moscovo. Fui à Mongólia só para ver as costas da minha filha? Até podia não ser a minha filha, que provas me deram de se tratar mesmo dela?

Em Moscovo também não havia ninguém para explicar alguma coisa, só que tinha viagem marcada para o dia seguinte para Argel. E assim aconteceu. Tudo conforme os interesses e planos das autoridades mongóis. Como podia lutar contra um sistema em que tudo está preparado, planificado e, sobretudo, com o máximo sigilo? Ninguém me deu uma explicação nem permitiu discutir ou discordar. Por isso as discordâncias não existem em certo tipo de sociedades ou regimes, pois não são reconhecidas como existentes. O não discutido, o não contestado, obviamente é inexistente.

O mundo perfeito, redondo, dos silêncios.

À chegada ao aeroporto de Argel tive uma pequena contrariedade, com a qual não esperava, e que era muito comum em passageiros nas nossas condições. O passaporte era tão bom que o polícia da imigração me falou em árabe. Expliquei em francês quem era e porque tinha esse documento mas o polícia devia ser novo naquele posto, não compreendia como um argelino nascido em Tlemcen insistia em só falar em francês, e foi preciso vir o chefe para abarcar toda a situação, sorrir, dar-me uma palmada amiga no ombro, este é um combatente da liberdade. Deixaram-me passar.

Quando em Argel contei aos meus amigos só ter visto as costas de uma criança que apontaram como sendo minha filha, tiveram dificuldade em acreditar. Angolanos e argelinos. Os soviéticos gastaram o dinheiro em passagens aéreas e hotéis só para isso? Ridículo! Sim, ridículo, mas verdade. Como de facto as autoridades soviéticas não tinham de prestar contas das despesas do Estado aos seus cidadãos, agora podiam dizer aos argelinos, fizemos os possíveis, meus irmãos, até o levámos a Ulan Bator, infelizmente sem êxito, pois o assunto ultrapassa-nos, diz respeito apenas aos companheiros mongóis, eles é que sabem como lidar com mambo tão complexo e inesperado. Complexo uma ova, era assunto simples de resolver, bastava o general deixar. Mas o general que podia ser meu sogro nunca deixou.

Assim perdi o rasto de Sarangerel e da minha filha. Nos anos passados na Argélia, sempre à espera das "condições subjectivas" para descer mais a sul e ir combater no meu país, nunca descobri a pista de Nara ou outra qualquer me levando ao meu amor. A Mongólia era uma terra perdida entre a vasta Sibéria e a enorme China, um grão de areia no mundo. Nunca se ouvia falar da Mongólia, muito menos de alguém que a Mongólia queria esconder.

E a minha filha crescia sem mim.

Conheci entretanto algumas mulheres, normalmente defensoras entusiastas da nossa causa. De diferentes proveniências, sobretudo francesas, até mesmo uma jamaicana, lufada de ar fresco. No entanto, apesar da proximidade ideológica, eram só fugazes companhias, sem compromissos sentimentais, pois o meu único compromisso se firmara definitivamente com Sarangerel.

Guardo lembrança especial de uma jovem argelina sem complexos, lutando raivosamente por direitos iguais aos dos homens, imaginem, naquela sociedade patriarcal fechada e religiosa, mais fechada ainda por ter sido obrigada a fazer uma guerra de sete anos contra os franceses, aparecendo estes como cristãos, cruzados invasores. A família da jovem até nem era particularmente devota do Islão, com laivos de esquerda comunista para os lados do pai, mas trazia consigo toda a carga do passado cultural do país. Bem podiam ser de esquerda, mas a tradição tinha muita força. Ela decidiu um dia me levar a uma festa familiar, bastante restrita, para grande escândalo de todos os adultos e surpresa divertida das crianças. Não era ocasião para levar um estranho, em todos os sentidos do termo. Como me senti logo mal-disposto, provavelmente com algo que comi, produto da má vontade sentida no ambiente ou mau olhado, indicaram com gestos de desprezo um sofá na sala para eu me recompor. Só uma irmã dela falava comigo, deitando receosos olhares ao resto da família, silenciosa, a observar a cena. É tradição, os irmãos ou o pai e tios podem defender a honra ofendida, cortando as goelas do prevaricador ou da filha que os desonra. São prudentes normalmente e escolhem a mulher, é sempre crime menor cortar as goelas de um ser que nem merece lugar no paraíso, caso das mulheres muçulmanas, como se diz. E eu sentia ter cometido tremendo erro em participar na festa para a qual tinha sido convidado apenas pela minha companheira, cuja família desconhecia em absoluto. Devia andar mesmo muito chibado ou carente para aceitar convites desses! O mal estava feito e ainda por cima me sentia doente.

Não é que, ainda pouco satisfeita com a electricidade vibrando no ar, a provocadora jovem se deitou no sofá comigo? Virei-lhe imediatamente as costas, mostrando à família não estar nessa jogada, mas ela abraçou-me por trás e assim ficou. Alguém lhe falou rudemente em árabe e ela respondeu em francês de modo a eu compreender, o meu homem está doente e devo apoiá-lo. Era grande injúria para eles o facto de ela me considerar o seu homem, se nem lhes tinha falado em casamento nem coisa que se parecesse, e ainda por cima na primeira vez que me viam. Tremenda discussão se gerou e me pareceu serem as mulheres as mais agitadas e ofendidas. Quanto a mim, estava virado para as costas do sofá, muito quietinho, como alheado da discussão desenfreada se passando atrás, fazendo de morto. Confirmei mais tarde, os homens ainda se retinham em condenar as coisas e a passar a actos violentos, provocados pelas mulheres, histéricas de raiva. Segundo a minha amiga, as mulheres chamavam fracos aos homens da casa, ofensa admissível entre portas, embora aparentemente as mulheres sejam sempre dóceis e sofredoras. Não o são quando se trata de assuntos de quebra de tradição ou decoro familiar. O pai dela tinha lutado pela libertação contra os franceses e por isso tinha algum respeito por mim, disposto a ser um futuro companheiro de armas. Em outras circunstâncias, até me teria dado alguns conselhos e provavelmente uma lembrança útil, por exemplo, uma mochila ou um punhal. Ali estava, meio entalado por uma filha disposta a quebrar todos os tabus e as mulheres dispostas a defenderem com sangue a pureza das tradições. Curiosamente, as mulheres argelinas de classe média, as tais que são menorizadas pela religião e as tradições machistas, são as primeiras e as mais obstinadas a defendê-las. Paradoxos deste mundo mais surreal do que acham os seus moradores de todos os tempos e idades.

– Me sinto mesmo mal – disse.

Levantei-me a custo, rejeitei o apoio da miúda que se queria agarrar a mim, e desandei sem despedidas. Ao ultrapassar a soleira da porta executei o gesto instintivo e estúpido de passar a mão pelo pescoço, só para me certificar que ele não sangrava.

Acabou aí o namoro.

Bem que ela tentou reactivar as nossas relações, mas depois passou a me julgar duramente, impiedosamente, talvez com alguma razão afinal, por ti afrontei a minha família e abandonaste-me no meio da refrega, seu covarde, traidor e ingrato. Porém, eu não tinha pedido nada e me senti sempre uma carta de trunfo de que ela se serviu nalgum contencioso antigo com a família. Se soubesse que a minha estória argelina afinal podia vir a apresentar algum interesse um dia tão tardio, digamos interesse sociológico, teria na época sondado com algum rigor amigos e conhecidos, ou ela própria, para conhecer as origens de tanta altercação. Hoje é tarde de mais para esmiuçar os passados e saber a verdadeira razão levando aquela jovem, de resto gentil e meiga como poucas e de quem perdi completamente o rasto, a sentir tanta raiva pela família, levando gente de carácter ao extremo de se forçar a decidir entre os seus princípios de igualdade de género e a defesa da honra familiar. Felizmente, sendo lúcidos, não me consideraram o principal culpado da situação, antes um joguete, e deixaram-me de fora da quezília doméstica. Outros tiveram menos sorte, e por causas menores apareceram de garganta cortada num beco nocturno de Argel.

Conheci casos.

Também é verdade, me senti desconfortável por ser usado nesta altercação. Desde o nascimento percebi ser um joguete nas lutas entre forças desconhecidas. Os gregos atribuiriam muitos dos seus azares ou venturas a deuses bêbedos e venais, cheios de ciúmes e invejas, usando os humanos uns contra os outros para satisfazerem os seus fúteis caprichos de poder. Os gregos tinham grande compreensão da essência dos seres divinos, sobretudo a futilidade, o ciúme exacerbado, a ganância e a obsessão pelo poder.

Nós, pelo contrário, como bons africanos, pensamos ser utilizados por outras forças, provenientes da sociedade e muitas vezes da própria família, em guerras intestinas, também aqui com o poder como íman. O feitiço se torna então a arma preferida, muitas vezes letal. Mas também espíritos de antepassados e forças da Natureza são utilizados nas disputas. Vai dar no mesmo, a pessoa julga ter capacidade de julgamento e de escolha, o livre-arbítrio das civilizações ocidentais, quando afinal anda ao sabor de ventos ou marés, e de vontades alheias, sejam elas deste ou de outro mundo.

Era sem dúvida o meu caso. Um joguete à espera de ter um papel na vida.

AS GUERRAS E OS SILÊNCIOS

Até um dia me chamarem à representação do Movimento, onde tinham chegado notícias sedutoras. Viria em breve um responsável para escolher os militantes devendo partir imediatamente para o Congo, Brazzaville, e daí para Angola. Fui um dos escolhidos, desconhecendo até hoje as verdadeiras razões da preferência. Éramos todos jovens, a maior parte tinha treino militar recente e alguns possuíam profissões extremamente úteis para as circunstâncias do momento. O meu treino militar já estava bastante enferrujado pela vida sedentária em Argel, trabalhando como economista para uma repartição do governo e apoiando as iniciativas do nosso Movimento em dar a conhecer ao mundo a luta de libertação. Suspeitei, me escolheram por ser do Sul, onde se queriam abrir novas frentes de guerra. Suspeita não confirmada mais tarde, pois me deixaram sempre em Cabinda, até ao fim da guerra contra os colonialistas. E Cabinda era o mais norte que podia haver em Angola, não o meu Sul de rochas e montanhas. Cabinda também tinha montanhas, mas cobertas de mata densa e o chão dos caminhos era lama escorregadia escondendo raízes de árvores monstruosas e não pedras sobrepostas. Seja qual for a razão desconhecida, hoje praticamente impossível de descobrir e afinal sem qualquer interesse, fui um dos poucos escolhidos. Outros menos sortudos ficaram na Argélia até ao momento da independência, se ocupando de tarefas nada exaltantes, provavelmente sem nunca saberem também o porquê da rejeição. Como se as espadas ou as coroas de louros caíssem na cabeça ao acaso, fruto das bebedeiras dos deuses.

Fiz portanto guerras.

No princípio denotei alguma falta de prática e discernimento, mas depois os conhecimentos adquiridos perto do mar Negro vieram ao de cima. Era tudo uma questão de circunstância, no fundo. Lembrava e relembrava as palavras e esquemas do comissário político, combatente na Ucrânia contra os invasores alemães, num tipo de guerra e terreno muito diferentes, no entanto. Fui mesmo assim gabado por altos responsáveis, me revelara um quadro válido, particularmente em duas operações de risco e de vital importância. Nada me interessaria mais. A opinião positiva de responsáveis considerados acima de qualquer erro de julgamento anima os jovens ansiosos por participar numa mudança de mundo. No entanto, me faltava o ouvido de Sarangerel a quem confiar dúvidas e certezas, contar vitórias e derrotas. Me faltava o olhar orgulhoso da filha, o meu pai é um combatente. Saberia ela a verdade? Provavelmente combinaram nunca lhe dar a conhecer a identidade do pai, enterrado em vida nas recordações e nas palavras. Depositava total esperança em Sarangerel, ela nunca me trairia ao ponto de esconder da filha a sua origem. Ao menos que ela reconhecesse, ao ouvir alguma notícia sobre Angola, esse é o país do meu desconhecido pai. E prestasse um pouco de atenção à notícia. E se comovesse com isso, mesmo escondendo lágrimas do resto da família.

Tão poucas esperanças enchem um coração em guerra!

Fiz guerras, muitas. Evitando pensar nas pessoas do outro lado. Certamente me envolvi em combates contra membros da minha própria família ou antigos amigos e colegas, tudo é possível neste tipo de confrontos, embora não tenha hoje conhecimento de um caso concreto. Era no entanto uma possibilidade sem dúvida perturbante, uma suposição devendo ser posta de forma fria, racional, como uma mera hipótese de trabalho. Podia estar a dar tiros para os lados de um irmão ou primo ou amigo de infância, sim, era bem possível, diria mesmo, quase inevitável, no entanto não devia pensar muito a sério na probabilidade. Se fazemos a guerra com coração de mais, ficamos loucos varridos, cacimbados definitivamente. Por isso o bom senso me ensinou a evitar reflectir sobre o assunto, admitir apenas as possibilidades como outra casualidade qualquer, para poder premir o gatilho sem tremor nem remorso. É difícil, dirão. É, mas a gente a tudo se habitua.

Até às guerras fratricidas.

A onça deixada para trás no nosso trajecto de humanização nunca se dilui completamente dentro de nós, por muitos livros lidos, viagens feitas ou debates intelectuais participados. Existe sempre uma unha ou dente de onça que se manifesta quando a ocasião é propícia. Somos considerados civilizados se somos capazes de o esconder sempre do conhecimento dos outros. Mas existe todavia um pedaço selvagem permanecendo de atalaia. E ao menor pretexto damos o bote.

Somos de uma humanidade animal.

A dado momento, acharam-me capaz de comandar um pequeno grupo de homens. Sempre evitei admitir essa capacidade, ela me aterrorizava. Havia alguns tabus no meu espírito para me manter são na guerra. Um, já vimos, era o de nunca considerar a presença próxima de familiares ou amigos do outro lado da barricada; outro, fugir à promoção a cargos que exigissem comando. Tive de aceitar o posto, na guerra se aprende a regra da obediência. No entanto, e para meu terror, em breve me apercebi da razão de uma certa falta de confiança no grupo: os homens tinham passado por cerimónias rituais para blindarem o corpo às balas inimigas. No entanto, se o seu comandante não estivesse blindado, de pouco lhes valeriam as suas protecções, ficavam contaminados pela fraqueza do chefe. Tais dúvidas levavam-nos a muitas hesitações na altura de executarem as minhas ordens e a arranjarem sempre desculpas para evitar certos riscos ou apenas incomodidades, tais como marchas nocturnas. Já me tinham advertido desse perigo, sobretudo o comissário político do destacamento, hábil na manipulação das vontades e crenças, para isso era comissário. Depois de algum tempo de recolhimento e sondagens discretas, com perguntas feitas aparentemente na brincadeira, descobri só haver mesmo uma solução.

Numa das noites à volta da fogueira, fazendo tempo para o sono chegar, anunciei ao meu grupo querer contar uma estória confidencial, que devia ficar nos ouvidos mas nunca repetida, sob pena de exercer sobre eles todos os meus poderes, oficiais e outros. Sublinhei a palavra "outros" com voz rouca, voz vinda dos aléns sombrios se confundindo com o negrume da floresta gigantesca. E então contei sobre uma noite igual àquela, escura por ausência de luar e plena de nuvens sussurrando ameaças, na qual visitei um especialista, no Congo, próximo da fronteira, meses antes.

– Entrei na cubata e estava muito escuro, só um fraco fulgor vinha do chão onde ardeu uma pequena fogueira e agora só tinha brasas. Vocês sabem como é uma cubata onde morre uma fogueira. Mal via o camarada que me servia de intérprete e entrou comigo na cubata. Este falou para alguém agachado no chão, junto ao braseiro, um vulto encolhido. Já íamos preparados e entregámos a galinha, isto é, galo, um galo preto. O kimbanda, um homem velho e mirrado, de barba branca, se levantou então com alguma dificuldade e pegou no galo, sem uma palavra. Amarrou o pescoço do galo com um cordel e usou a outra ponta para fazer o laço, o qual passou pelo meu pescoço. Fiquei portanto com o galo pendurado nas costas. O animal, meio sufocado, batia as asas, lutando para se libertar, e fazia sons estranhos com a garganta apertada. O kimbanda voltou a sentar sobre os próprios calcanhares, cantando baixinho, mastigando folhas e remexendo uma colher de pau numa panela pousada no chão de terra batida. Deitou um pouco do conteúdo da panela num prato de alumínio muito amachucado, me pareceu.

Tinha prendido a atenção dos meus companheiros. Todos me fixavam, imóveis. Só o branco dos olhos deles surgia na espessura da noite, onde se escondem todos os mistérios.

– Demorou algum tempo a cantoria, acho mesmo durou muito tempo. Depois levou à boca um pouco do líquido contido no prato e cuspiu para o chão dos quatro lados. Se levantou de novo com dificuldade e chicoteou o ar com um ramo de árvore, dando passos que pareciam de dança, mas não era uma dança, apenas gestos das pernas dando fracos pontapés a espíritos, como aprendi mais tarde. Disse algo para o meu intérprete, o qual saiu da cubata, se agachando, e explicou para eu fazer o mesmo, batendo palmas ritmadas. O kimbanda também batia palmas, ele é que marcava o ritmo, seguindo-nos. Apontou em silêncio para a arma do meu companheiro. Falou e o camarada disse, ele quer que eu dispare no galo. No galo? Achei um pouco perigoso, embora conhecesse a boa pontaria do meu camarada, e certamente seria de muito perto, pouco risco de falhar. Mais perigoso achei quando ele me disse que de facto dispararia para o meu peito e a bala atravessaria o galo. E eu? Não corria perigo. O kimbanda dizia para disparar, eu não sentiria nada. Dá para acreditar? Estava já pronto para largar o galo estrebuchante no chão e ir-me dali, quando o kimbanda falou de novo. O intérprete traduziu, não há perigo nenhum, o remédio é seguro, a melhor blindagem existente à superfície da Terra, as balas nunca poderão entrar no teu corpo. Fechei os olhos e disse, sou doido varrido em acreditar neste feiticeiro congolês, mas outros passaram pela mesma prova e estão aí vivos. Vou mesmo experimentar. Senão, como contar mais tarde aventuras interessantes?

Suponho, os meus homens não perceberam a ironia da última frase, porque nenhum reagiu com um esgar de sorriso. Estavam totalmente suspensos das minhas palavras, numa expectativa nervosa, acreditando piamente, à espera do fim da estória, de muitos adivinhado. Esqueceram mesmo de respirar, pelo menos não ouvia o som nem via peitos a dilatar e encolher, apenas olhos fixos na minha boca. Tive o sangue-frio suficiente para gozar o efeito do relato:

– Ordenei então ao meu companheiro para disparar sobre mim, que se lixasse a vida se o kimbanda fosse um aldrabão. Ele hesitou mas levantou o cano da arma na minha direcção. Não tomava a iniciativa, ficou apenas apontando para o meu peito. Dispara, gritei eu, e gritei de novo. Ele disparou um tiro.

Fiz o silêncio habitual dos grandes contadores de estórias, como tinha aprendido no Lubango com os mais velhos da minha meninice. O êxito do conto está nos segundos seguintes, em que a voz se cala e ninguém respira. A assembleia estava paralisada, sofrendo com o silêncio. Contemplei os meus companheiros, um a um. Nas caras deles lia o respeito e a ansiedade de conhecerem o resto. Falei com a voz mais profunda que consegui:

– O galo, nas minhas costas, parou de estrebuchar, depois de duas sacudidelas. Eu passei a mão pelo peito mas não senti sangue. O kimbanda foi por trás de mim e cortou o cordel. O galo caiu no chão, morto. Eu estava vivo. E com blindagem da melhor que há. Aqui, bala vira água, não entra – afirmei, pomposo, batendo no peito.

Os meus homens então soltaram aquele ah de alívio próprio das grandes emoções e recomeçaram a respirar. Depois bateram palmas, anarquicamente primeiro, com ritmo certo em seguida. Não sei se os aplausos eram dirigidos ao espantoso relato ou se à habilidade usada para o contar, mas deve ter sido para as duas coisas. Passaram a ter confiança em mim, é certo. Terminaram as hesitações, os resmungos, ordem minha era sagrada, eu tinha sido ungido pelos espíritos de protecção contra balas, o inimigo nunca me feriria e eles beneficiavam da minha protecção. Todos conheciam essa lenda da prova do galo, cochichada de boca a orelha, embora nenhum tivesse a sorte de encontrar o misterioso kimbanda, único no Congo e em Angola, possuidor de tamanho segredo. Pouco lhes importava, o seu comandante conseguira convocar para si os poderes sobrenaturais do especialista, bastava.

Senti falta de Sarangerel, para lhe repetir a bravata. Ia rir?

Veio entretanto a independência, no meio da confusão, a incerteza e o caos. Andei então pelo meu Sul, comandando tropas, cada vez mais tropas. Os donos do *apartheid* não abdicavam do seu autoproclamado direito de intervenção nos destinos de Angola, se arrogavam a justificação de escolher por nós o melhor futuro. Não estavam sozinhos, pois havia donos do mundo que os apoiavam escondidamente, não por vergonha mas por cálculo estratégico. Alguns eram até muito explícitos no seu apoio. Os anos passavam e só uma coisa mudava, a intensidade da guerra e um ou outro interveniente. A intensidade sempre a subir, como dizemos. De ano para ano o material se tornava mais poderoso dos dois lados e o poder letal também. Vi muitos amigos morrer. Vi igualmente inimigos, bastantes. Não me dava prazer, nem uma coisa nem outra. Acho, o deleite de ver um inimigo morto ou moribundo é resto de animalidade ainda abrigada em nós. O país vinha a ser destruído passo a passo, tiro a tiro, vida a vida. Mas não estou aqui para falar de guerras, há outros mais preparados para isso. Neste momento, sobretudo.

Nas guerras apanhei sustos.

Bué deles, nem vale a pena esconder. Talvez o maior tenha sido, poucos meses antes da independência, quando viajei de avioneta com um piloto inexperiente de Luanda até Benguela. Levávamos um canhão entre os dois, peso excessivo para o aparelho, mas aquela arma era vital para amedrontar o inimigo. Na minha cabeça era apenas um instrumento de guerra psicológica, não para dizimar guarnições. Levantámos de Luanda com atraso devido à desorganização generalizada da capital e a meio da viagem começámos a fazer contas, chegaríamos antes do anoitecer? Era tempo de entusiasmos aventureiros e muita falta de bom senso. O piloto tinha acabado de receber o seu brevet e nunca tinha treinado de noite. O avião só tinha uma luzinha em cima e outra em baixo, que piscavam para marcar a sua existência. Nenhum farol para iluminar a nossa frente. E o peso excessivo aliado a um vento forte de sentido contrário atrasava-nos inexoravelmente. Ainda pensei em aterrar no actual Sumbe, mas o jovem disse, com a maior candura, não se preocupe, chegamos a tempo. Parecia um profissional a falar com firmeza, o que me deu alguma confiança, ainda desconhecedor do seu recente brevet. O facto é que ficou escuro lá em baixo, enquanto nós ainda víamos o Sol no seu ocaso, à nossa direita. Adivinhámos que estávamos sobre Benguela, mas como reconhecer o aeroporto? Eu pouco sabia da cidade e o piloto também não era dali. Demos uma volta a rasar no lusco-fusco, tentando descobrir luzes indicando a pista. Não havia. Ninguém estava à nossa espera, em tempo de guerra as expedições secretas não são comunicadas, e o avião também não possuía rádio. Era uma simples avioneta para passeios de fim-de-semana e treinos. Por isso, ninguém acendera as luzes da pista. Eu disse, aterramos numa avenida, sabendo perfeitamente o que isso exigia de sangue-frio, perícia e, sobretudo, muita sorte. Adivinhei o suor do piloto, suor frio. Afinal a firmeza dele desaparecera com a realidade da noite cobrindo o chão. Não seria boa solução procurar uma estrada, estava visto. Dá mais uma volta, gritei para ele, descobre o raio da pista. Sabia, era nos morros do lado sul da cidade. Baixámos tanto pela segunda vez que nos apercebemos de uma estrada escura no caminho do mar. Nenhum carro à vista, nenhuma luz, só o silêncio da noite caindo. Aterra, gritei, aterra. Não sei se ele percebeu ser a solução ou se instintivamente obedeceu à voz de comando. A avioneta tocou na estrada de asfalto, estabilizou, o piloto travou. Depois de parada nos apercebemos que tínhamos com efeito acertado na pista do aeroporto. Foi pura sorte, podia ser o leito de um rio seco, o conhecido Corinje. Terá sido mesmo sorte? Sempre achei haver uma mão por baixo de mim, me sustentando. E não de Deus, sou orgulhosamente ateu.

Sustos em guerras, pois.

Há rostos que aparecem em combates
Moscas zumbindo sobre corpos apodrecendo
Ao cheiro do sangue seco.
Rostos há que não são moscas
Não rondam mortes nem sangue
Trazem apenas melancolia e uma réstia de esperança.
Assim ela lhe aparecia em combates
Ternura, meiga ausência.

O facto importante é que um dia, dez anos depois da independência e tendo eu o posto de coronel, me chamaram ao quartel-general da Frente Sul, no Lubango.

Pois é, tinha voltado à minha cidade natal tempos atrás, por duas breves vezes, reencontrando a família que nem queria acreditar nas minhas andanças, sobretudo Olga, agora convertida em grande nacionalista e berrando contra os imperialistas opressores e os racistas sul-africanos, os quais nos atacavam incessantemente, impedindo o negócio do gado e outros negócios. Passei a ser o seu orgulho, um combatente pela liberdade na família! Tinha marido e quatro filhos, a quem apontava o irmão coronel, vejam o vosso tio, um exemplo para nós, sempre lutou pela igualdade entre todos os angolanos, pretos ou brancos. Era ela quem o dizia! Sem nenhum pudor. E os outros irmãos, e os meus pais, sabendo das suas ideias racistas de juventude, não a corrigiam? Talvez tivessem esquecido as bocas. Ou, por estarem sempre juntos, deixaram de reparar nas subtis mudanças que se vão acrescentando às ideias, acrescentando, até um dia não serem as mesmas ideias, antes o seu contrário. Sempre a dialéctica!

Olga era sem dúvida o chefe da família. O meu pai, velho e cansado, abatido definitivamente com a morte da minha mãe, apresentando além disso sérios problemas renais, deixava-a dispor da casa e quinta de onde nunca tinham saído, nem quando os sul-africanos ocuparam o território sulano e logo depois, quando fomos nós a libertá-lo e podiam até temer represálias por terem colaborado com o inimigo, mesmo se forçados. A questão, meramente teórica, se punha: Olga era a irmã mais velha mas eu oficialmente o mais graduado. Se quisesse disputar o mando, quem seria agora o chefe da família? Não estava interessado, nem ia ficar eternamente ali no Lubango, a minha vida não tinha poiso, simplesmente andava com as tropas ao sabor da guerra. Mas, e se quisesse? Ela ia aceitar? Não, certamente. Disputaria. O marido era um sorna, sempre de acordo com ela, mais preocupado em limpar o ranho a um filho pequeno que a discutir qualquer opinião. E os outros irmãos também não pareciam ter grandes ambições, faziam a sua vidinha. Olga ficaria portanto como chefe da família e seria melhor assim, pois possuía de facto espírito de líder. Já sabia com quem teria de tratar os assuntos importantes, se fosse o caso algum dia.

Tinha revisto com emoção não contida o meu amigo João, cujo pai, Kanina, já falecera. João tinha ficado muito tempo a trabalhar no Grande Hotel, onde foi sendo promovido à medida que baixava a qualidade dos serviços. Tempos depois da independência, resolveu adaptar uma casa na cidade para modesta pensão, com um crédito milagroso. Ainda lutava para a fazer resistir, mas parecia, os novos tempos traziam alguma gente, fugida da guerra, à cidade, e a pensão dava assim para viver. Já não era um empregado, agora se considerava um empresário, embora pequeno, ria para mim. E eu com ele, feliz, recordando os tempos antigos. Sempre que ia ao Lubango, visitava-o na sua pensão. E o crédulo e amável João, tão diferente do seu irmão Job, o revoltado que acabou morto em 1961, fartava-se de gozar com o meu nome de guerra, "Alicate".

– Coronel Alicate – cumprimentava.

E ria.

A ideia na origem não tinha sido para rir, mas hoje de facto é no mínimo estranha.

Aconteceu em Cabinda. Precisava de ter um nome de guerra, como todos os outros guerrilheiros. Nada me ocorria de particularmente interessante ou original. Abundavam os Che Guevara, Lumumba, Gandhi ou Lenine. Antes que fossem os companheiros a escolher por mim, me resolvi a uma espécie de autoflagelação simbólica. Pelo menos no Sul, era muito comum os colonos (sobretudo as suas mulheres) darem nomes de coisas aos homens ou rapazes que lhes serviam como criados. Se fosse mulher chamavam-lhes sempre Maria. Se fosse homem, era "Canivete", "Sabonete", "Caixa de Fósforos", "Bicicleta", etc. Diziam eles, os nomes dos negros são horríveis, ninguém os consegue pronunciar, damos-lhes assim nomes fáceis de aprender. Então eu lembrei de subverter esse pensamento, dando a mim mesmo, branco e de olhos azuis, o nome de um instrumento vulgar. Fiquei conhecido como o camarada Alicate. Muitos acharam bizarro, alguns terão mesmo sorrido às escondidas, mas não contrapuseram. Aos que ousavam expressar o seu espanto, não entendendo a ironia, eu dizia, um alicate que torce o orgulho e a prepotência dos colonialistas. Acreditavam. Quase escolhi "Alicate de Aço", mas na altura me pareceu sofisticado de mais, arrogante mesmo, e me fiquei pelo nome único. Finalmente João descobria a verdadeira piada, a ironia escondida nesse nome comum. E mais irónico ficava quando eu próprio pronunciava coronel Júlio Pereira "Alicate", ao me apresentar a alguém. João lembrava as nossas cenas de criança, João percebeu. Como Job perceberia, se fosse vivo, talvez até ainda mais.

Já não se fazem amigos desses.

Mas contava antes, tinha sido chamado ao quartel-general do Lubango. Para me dizerem que precisavam de mim em Luanda, passava a ser um dos chefões da logística militar. Havia muitos roubos, perdas, desvios, o que se queira chamar. A logística era uma das áreas mais vulneráveis à desorganização ou à desonestidade. Dados os exemplos de integridade e desinteresse material apresentados até então, eu era um tipo para além de qualquer suspeita e portanto requisitado para exercer um cargo tão burocrático como importante.

Foi uma tristeza, uma facada nas costas.

Estava evidentemente próximo de uma promoção e, sobretudo, afastado dos perigos e canseiras das operações militares. Mas nunca me tinha visto num futuro de cadeira a contar feijões. Os responsáveis devem ter lembrado o meu curso de Economia de Moscovo, onde pouco tinha aprendido dessa arte estranha de somar milho com obuses de morteiro, excepto a experiência da Argélia, valiosa. Lembraram sobretudo que nas minhas unidades todos os soldados e oficiais comiam por igual, sem privilégios de uns e reclamações dos outros. Isso certamente contou fortemente na decisão. Mas me condenavam a ficar longe das resoluções estratégicas, daquele frio que entra pelo estômago quando se tem de decidir, avançamos pela direita, pela esquerda, ou ficamos parados tensamente à espera? Há de facto um inqualificável pecado na necessidade da escolha. Há um prazer, chegando a ser sensual, de escolher o tipo de medo, o provocado pelo facto de atacar ou pelo de ser atacado, pois são medos muito diferentes um do outro. Com o tempo aprendemos a distingui-los. E a acariciá-los cuidadosamente. Viciosamente, talvez. Tem tudo a ver com terrores infantis, com sensações e, portanto, com prazeres. Elaborar um plano de ataque sobre um mapa é mais parecido, a nível de sensibilidade, com o dedilhar as costelas nuas de uma mulher, do que ouvir uma sonata de Bach. Brade de revolta e desdém quem nunca tenha passado por essa experiência. E cale-se depois para sempre.

Falei como um sacerdote, não é?

Foi a última vez que tentei defender a minha rainha. Não aceitava de bom grado promoções ou transferências, queria comandar tropas, elas só em mim confiavam.

– O camarada é mesmo muito convencido nas suas capacidades – me derrotou o general, luzinha malandra nos olhos, por uma vez me apanhando em falta evidente. – A vaidade é um vício que não casa com a virtude de um verdadeiro oficial.

Eles sabiam, eu também.

– Peço desculpa por parecer arrogante ou convencido, mas não compreendo porque devo ficar longe das frentes de combate em momento tão delicado – foi outro argumento utilizado por mim, no cúmulo do desespero.

Não riram de mim porque afinal eram bons camaradas. As frentes de combate estavam em péssimas condições porque as munições e a comida nunca chegavam a tempo, pois os oficiais responsáveis pela logística pensavam em tudo menos nos interesses das Forças Armadas, foi a resposta. E eu estava ao corrente, já tínhamos debatido bastantes vezes esse assunto. Valia a pena discutir? Eles conheciam, ou supunham conhecer, as minhas virtudes melhor que eu. E não se consideravam vaidosos por afirmarem em tom alto e arrogante esta avaliação, mas para isso eram chefes. Avançaram com o último argumento, eu tinha estudado Economia e conhecia a guerra como poucos economistas, portanto, estava destinado a planificar os meios necessários às operações militares.

Fim de conversa, as ordens são para cumprir.

Deixei de comandar tropas no terreno e me enterrei num cadeirão da logística militar. Adeus tiros e rebentamentos, pelo menos directamente. Deixei o meu Sul, fui para Luanda. João lamentou, eu sei. A minha família também, excepto provavelmente Olga, embora me tenha abraçado forte e silenciosamente na despedida.

Houve guerras, acordos de paz, guerras, eleições de 1992, guerras. Entretanto cheguei naturalmente ao posto de general. Aproveitei a minha situação privilegiada e o facto de conviver mais proximamente com colegas soviéticos, alguns sendo até meus assessores, para tentar uma nova iniciativa de aproximação com o governo de Ulan Bator. Pensam eu tinha esquecido?

Ele sabia, tinha o futuro enterrado.
Esperava apenas pelo desespero. Alguns diriam
Futuro adiado.
Era pior, enterrado nas brumas.
Quem arranja uma pá desenterrando brumas?

Angola e Mongólia continuavam sem relações diplomáticas directas e os contactos eram feitos como sempre a partir da nossa embaixada de Moscovo. Os generais russos com missões em Luanda prometiam interceder, saber pelo menos alguma coisa. Quando lhes lembrava as promessas, baixavam os olhos, envergonhados, não há novidades. Pelos deveres do serviço, fui duas vezes à União Soviética. Depois das negociações e os habituais brindes com vodka, cada copo de vodka acompanhado por uns goles de água mineral para diluir, expus o caso pessoal às altas autoridades militares locais e meti o nosso embaixador no barulho. Este era um antigo conhecimento da guerrilha de Cabinda. Sabia da minha estória, afinal quem não a conhecia? A camarada Esmeralda contava-a sempre, quando havia falta de assunto para as conversas à volta de uma fogueira. O nosso embaixador prometeu portanto falar com o seu colega mongol em Moscovo. Um dia mandou-me uma missiva, há boas perspectivas, mas é preciso deixar correr o tempo, tem só paciência. Como já constataram, se alguma virtude eu possuía era mesmo paciência. Esperei, fui esperando.

Tinha um assessor, Serguei, com quem me relacionava melhor, talvez por ser mais novo, ainda sem os vícios que a burocracia e o cadeirão mole conferem aos responsáveis militares muito graduados. Este Serguei teve a coragem de me dizer, um dia:

– O general me perdoe o abuso, mas gostaria de lhe fazer um reparo, se não se importa. Não vejo nenhum responsável angolano ir passar férias à URSS ou a um país socialista. Talvez um ou outro vá a Cuba, mas mesmo assim é raro. Vão ao Brasil ou Portugal, ou a França e Itália, países capitalistas, e alguns chegam mesmo a ir à Inglaterra e Estados Unidos, países imperialistas. Porque não vão gastar os vossos dólares nos países amigos?

– Basta-nos onze meses por ano de socialismo e de países amigos – respondi. – Por um mês de férias preferimos espairecer nas molezas do capitalismo. Amigos amigos, férias à parte!

Dei uma gargalhada final, para suavizar a fala.

Não estava a mentir. Raro era o responsável que gastaria as suas férias em países africanos ("para ver misérias bastam as nossas") ou em países socialistas, onde os divertimentos e os produtos de luxo mal existiam. Nós éramos socialistas só de boca, isso já tinha percebido há muito. Estávamos todos à espera da primeira oportunidade para declarar de viva voz o nosso fervor capitalista. E muitos para declarar o fervor religioso, sempre escondido. Mas não podia contar tudo a Serguei, que descobrisse por si próprio. A vantagem de ter assessores é essa, eles devem contar-nos tudo ou a maior parte do que sabem, nós só contamos o que queremos. Filosofia própria, não generalizável, pois alguns chefões dos nossos se entregavam totalmente nas mãos e cérebros dos assessores, apenas por preguiça de agir, de decidir ou até mesmo de pensar.

Talvez Serguei fosse apenas mais esperto que os outros "cooperantes socialistas" e, ao ganhar confiança comigo foi fazendo confidências bastante livres, quase heréticas. Discutíamos muito o futuro do mundo, à volta de uma vodka. Sem ilusões, mas em termos abstractos. Depois de ter conhecido Jean-Michel, nada me assustava nas heresias ao socialismo e por vezes até sentia prazer em nelas mergulhar. As falas do soviético podiam ser provocações, estilo KGB, para me fazer falar e recolher os trunfos com os seus relatórios periódicos. Não era segredo para ninguém, tinham uma ficha muito actualizada de cada um de nós, a usar em caso de necessidade. Mas naquele momento, a quem ia fazer o relatório ou me acusar de heresia? Aos seus companheiros soviéticos cada vez mais desmoralizados? Eu estava para lá das garras deles, perdera as ilusões sobre a sua "missão" histórica e o seu internacionalismo, por isso não tinham influência sobre mim. Nem ousavam usar de ameaças ou chantagens, pouco lhes adiantaria, pois os meus camaradas ainda falavam pior, quando estávamos entre nós. Era uma aliança forçada, em que nenhum tinha ilusão sobre o outro.

Uma boa aliança, portanto.

– Falhámos em toda a linha, camarada – me disse Serguei um dia, parecendo mais desesperado. – Não construímos a sociedade do futuro, nem a mais justa, como prometemos aos povos do mundo. Antes pelo contrário, criámos tremendas injustiças em todos os países onde tentámos espalhar a revolução, na Europa ou fora dela. Nós, soviéticos, vamos pagar caro, mais caro que os outros. O sistema não vai aguentar, estoira por algum lado, só não sei quando.

Isso era um espanto, ouvido da boca de um oficial superior soviético em missão de aconselhamento num país amigo. Eu tinha dito em privado coisas parecidas inúmeras vezes, usando a experiência colhida na terra deles e nas chamadas democracias populares da Europa de Leste. Mas podia permitir-me esse luxo desbocado, sempre fomos considerados falsos revolucionários e muitas vezes a realidade dava razão aos críticos. Porém, ele ainda brandia o cartão de militante do Partido Comunista da União Soviética... E os galões de oficial superior do Glorioso Exército Vermelho, vencedor da Segunda Guerra Mundial, travão seguro à hegemonia militar imperialista.

– Peço que o camarada general considere as minhas palavras como de profunda confiança na sua compreensão – pediu logo a seguir, temendo as consequências de uma denúncia. – Mas já não dá para esconder mais tempo. O camarada Gorbatchov e a sua Perestroika falharam, não conseguimos reformar o sistema. Minámo-lo por dentro e ele está a desfazer-se. Vocês foram mais espertos, abandonaram há anos a economia centralizada, deixaram os negócios serem feitos pelo mercado, estão a abrir-se de forma controlada...

– Com muito roubo pelo meio...

– Sim, general, sei, muito roubo pelo meio. Mas ao menos o discurso hoje corresponde mais à prática. No nosso imenso país, pelo contrário, todos começam a meter bens de lado enquanto mantêm o discurso do tempo do camarada Brejnev. Vão formar-se máfias com discurso comunista, enquanto aqui apenas haverá ladrões com discurso capitalista, não máfias. Sempre é mais honesto e menos perigoso. As máfias de lá podem dominar facilmente o aparelho de Estado e Gorbatchov será incapaz de as conter, até ser inevitavelmente engolido.

– Está a sugerir que talvez fosse tempo de se livrarem do camarada Gorbatchov?

Em outro tempo qualquer, pensar sequer naquela frase seria um crime eternamente condenado. Mas Serguei não reagiu como eu esperava, com indignada negativa e um discurso sobre a lealdade exigente dos comunistas ao seu chefe supremo. Apenas considerava um erro fatal qualquer tentativa de golpe contra o Secretário-Geral. Sempre simpatizou com o chefe do Partido e a sua corajosa denúncia dos erros do sistema e não havia outro líder melhor. Mas tinha de reconhecer se tratar de um homem com grandes ideias mas fraco, por vezes irresoluto, ninguém é perfeito. Talvez seja esse um dia o julgamento da História, me confessava tristemente Serguei. Parece não ter estado muito errado já na altura, devo hoje reconhecer. Quanto mais penso no caso mais me assombro com a lucidez de Serguei, avançado uns anos em relação a todos os outros assessores soviéticos. Dizia ele:

– Pela teoria dos sistemas, muito em moda nestes anos oitenta que agora terminam, e que o camarada general bem conhece, se mexemos num elemento do sistema, outro tem de se modificar, para restabelecer o antigo equilíbrio. Vocês fazem isso intuitivamente, é um espanto. Tenho aprendido muito mais aqui do que numa universidade. Começaram por mexer na economia, abrindo aos poucos... sem se dar por isso, estavam a estabelecer relações internacionais diferentes, começando a dialogar com as potências inimigas, Estados Unidos por exemplo... Estabelecendo automaticamente novos equilíbrios... Até com a África do Sul conversavam secreta e cautelosamente... E a abrir politicamente na frente interna, como não podia deixar de ser. O sistema, jovem, pouco estável, estremece, balança por todos os lados, mas não cai. Mantém-se. Um dia chegarão à paz verdadeira e será o mesmo sistema, as mesmas elites no poder, só que em novos termos e com diferentes discursos, claro. Com um bocado de sorte, pois para tudo ela é necessária. Na União Soviética, começámos por mexer na área política, mas à bruta. Somos uns brutos, uns camponeses rústicos, com o eterno espírito de *mujik* rude, também na política. O que acontece? Os muros do Kremlin estão a ruir.

– Também não exagere, camarada Serguei.

Lembrava-me de passear com Sarangerel perto dos muros do Kremlin e do medo se apoderando de mim ao pensar nos microfones e máquinas de filmar neles embutidos. Muros grossos, enormes, impenetráveis. Tudo isso a ruir? A Revolução de Outubro a ruir? O túmulo de Lenine também? Inacreditável, nem no mais arrojado filme de ficção científica. Serguei devia estar liambado ou bêbedo, para fazer tais afirmações. Mas não estava, nem tínhamos aberto a garrafa de vodka que eu guardava sempre na minha secretária. O tom era ansioso, angustiado, vindo de uma necessidade irresistível de confissão, mas estava indubitavelmente sóbrio.

– Vim de lá agora e volto em breve – continuou. – Acredite, o nosso sistema não aguenta as mudanças, está em desequilíbrio total. E ninguém parece perceber isso, nem o próprio Gorbatchov. Ou percebe e esconde, como se a ocultação impedisse o acontecimento. Tenho de reconhecer, não temos a vossa habilidade. A URSS vai implodir e Angola, pelo contrário, estabilizar. Aposta?

– Mas não há alternativas, camarada Serguei? – custava-me acreditar que a União Soviética estivesse condenada a se autodestruir, como um imperiozeco qualquer. Há muito não confiava no modelo meramente teórico e rígido, todos fingíamos apenas acreditar. Mas não ao ponto de poder imaginar uma explosão meteórica.

– Implosão com muito fogo de artifício – repetiu ele. – E balas tracejantes nas noites frias para anunciarem o nascimento de centenas de ilhas políticas. Pode crer, camarada general. Não há alternativa, nós fomos queimando as possíveis vias reformistas, considerando-as sempre vindas de Satanás, no qual não acreditávamos também, fuzilando quem tinha uma ideia original. Estava nos genes da União Soviética. Em Lenine, em Estaline... em Brejnev, o último urso sem ideologia... Agora é tarde, só dá para assistir. E lamentar. Este socialismo real, como lhe chamaram, está liquidado para sempre. Na União Soviética e no mundo.

Pareceu-me realmente análise de bêbedo a tentar profecias calamitosas, bem na linha dos russos do século XIX. Serguei estava um pouco, ou mesmo muito perturbado. Quase em pânico. Os olhos se abriam em brancos assustados, a boca seca, falando com urgência. Seríamos nós angolanos assim tão lúcidos que escapávamos a tal hecatombe revolucionária? Eu julgava precisamente o contrário, fazíamos muitas coisas erradas, tínhamos apenas sorte em estar ainda vivos e com um país inteiro embora em guerra civil. Na luta contra os colonialistas eu tinha desenvolvido a ideia, segredada prudentemente aos companheiros mais chegados, de que a incompetência militar era a nossa melhor arma. Muitas vezes constatei não termos caído numa fatal emboscada apenas porque, por uma razão menor, nos tínhamos atrasado na marcha. Também nas guerras que se seguiram havia a apontar factos semelhantes, operações que se realizavam com êxito por serem destituídas de toda a lógica. Eu dizia, naqueles tempos em que os computadores não tinham uso tão generalizado, a nossa imprevisibilidade por falta de preparação é tão grande que quando os tipos da CIA ou da Inteligência sul-africana enfiam os dados no computador, relatando as nossas acções, reacções e contra-reacções, queimam os sistemas todos, por incompatibilidade absoluta. E nós passamos incólumes.

Hoje pergunto, era mesmo só sorte?

Pouco depois desta conversa, Serguei deixou de ser meu assessor, não por minha culpa mas por sua vontade, e voltou para a União Soviética. No seu discurso de despedida, repetiu-me os seus terrores diurnos do fim de um império. O império soviético estava condenado e, como um não anda sem o outro, o americano logo lhe seguiria. A dialéctica dos contrários, não há luz sem sombra ou sombra sem luz. Os dois impérios seriam sugados pela economia, onde tudo começava. Continuava pois a ser marxista, o meu ex-assessor. Foi um dos que prometeu interceder para me dar notícias de Sarangerel e da minha filha, usando conhecimentos no KGB e na secreta militar, à qual obviamente pertencia, provavelmente com alguns remorsos escondidos. Nunca mais consegui estabelecer contacto com ele, no entanto acredito piamente nos seus esforços para esclarecer o paradeiro da minha família mongol. Talvez tenha chocado contra um muro de betão, ou tenha enfrentado uma qualquer máfia, quem sabe?

Só as máfias conseguem engolir betão.

No dia confirmando a profecia de Serguei e quando a URSS implodiu fragorosamente, relembrei, como todos os dias afinal, aquele general que nunca aceitou ser meu sogro. Ainda existiria? O campo dito socialista tinha derrocado com estrépito, em consonância com o Muro de Berlim. A Mongólia iniciava um processo semelhante ao da Rússia, com tentativas serpenteantes de passar a uma democracia formal, mas denotando demasiado peso do passado maniqueísta. Ele já não seria ministro da Defesa, não era previsível com aquela provecta idade. Mas estaria ao menos vivo? Não era o que me interessava, evidentemente. Apenas me importava saber o que tinha sido feito de Sarangerel e da minha filha.

O general que se lixasse! Há generais suficientes neste mundo, talvez até de mais. Para um desaparecendo, dois novos eram imediatamente promovidos. Particularmente em Angola, onde tínhamos de tudo sempre a dobrar. Se falava em passagens compulsivas à reforma e eu achava bem. Pelas contas que, por obrigação do cargo, tinha de manusear, se gastava de mais em honorários de generais e outros oficiais superiores. O exército era um sorvedouro de riqueza pública. Desnecessariamente. Apesar de, após muitos anos de turbilhão e incerteza, estar agora a ganhar a guerra. Essa, aliás, era a única certeza num mundo em mutação. A guerra civil estava ganha, inexoravelmente, mesmo se a prazo ainda. Tínhamos algum mérito, talvez. Mas o mérito maior foi o de termos ficado com a parte onde se explorava petróleo, o rei do mundo, contra a parte onde se garimpavam diamantes, os pequenos príncipes. O nosso petróleo permitiu os erros escandalosos e as vitórias decisivas. E algum génio nos ensinou desde o começo que tínhamos de resistir na costa, podíamos perder tudo menos a costa, costa onde nascera a nossa actual identidade. E sobretudo, de onde se controlavam os poços de petróleo.

Sei do que falo, trabalhei com números.

Não foram só os do arroz e das balas, da fuba ou das granadas. Tive de estabelecer estratégias económicas, a nível do Estado-Maior, tive de discutir com "os nossos amigos" (os quais iam mudando rapidamente, segundo as necessidades políticas e financeiras de ganhar a guerra, desde os antigos companheiros cubanos e soviéticos até aos mercenários sul-africanos e ingleses que trocaram lestamente de campo conforme as conveniências dos negócios, e mesmo os operacionais ciáticos e empresários pronto-a-vestir), tive de fazer contas ao dólar e ao franco suíço. Não é assim tão fácil comprar blindados ou aviões e distribuir rações de combate. Convivi com gente que aparece nas revistas do jet-set mundial, festejando negócios em iates com modelos anoréticas de mirradas mamas à mostra, jantei na Torre Eiffel com os maiores traficantes do mundo, ostentando passaporte diplomático das principais potências e honorabilidade garantida por cabeças coroadas. Cheguei a ir a Nova Iorque negociar com uma empresa mais tarde tornada famosa pelas suas falcatruas no Iraque pós-Saddam, também com interesses no petróleo, e conheci um senador poderoso, apesar de latino, que ainda se arrisca a chegar a presidente dos Estados Unidos se os seus amigos de uma das máfias americanas não lhe enfiarem um balázio antes, ou não divulgarem os escândalos em que anda metido. Estive na Suíça obtendo um sofisticado dispositivo norte-americano de detecção de tropas no solo a partir de aviões em voo nocturno, um negócio com israelitas que afirmavam aos ingénuos desconhecerem a Mossad. Fossem espiões ou não, pouco importa, o certo é que os nossos aviões detectavam a partir de então os alvos em terra e metiam obuses nos bunkers mais camuflados e nas florestas mais fechadas. Conheci portanto os podres do mundo e também os lugares mais luxuosos, os aventureiros condenados a ser ricaços e os que herdaram nomes e genealogias de nobreza, mas não os escrúpulos.

Sei portanto do que falo.

Não fiquei no entanto rico, vivendo sempre do meu salário de oficial superior. Até sabia como fazer as coisas, nem exigia imaginação, bastava copiar outros colegas e guardar as comissões que me queriam constantemente oferecer em negócios legítimos. Mas eu não cedia em princípios de probidade, participava ou propunha os negócios, recebia as comissões e depois estas eram religiosamente entregues ao ministério, com as contas certinhas.

É um feito meritório, não acham?

Falando agora de coisas mais locais, conheci oficiais de logística que venderam rações de combate para os mercados paralelos, sobretudo no Roque Santeiro, um mesmo tendo desviado combustível em doses avultadas para o inimigo. E me vinham sempre, quase como desculpa dos seus próprios pecados, relembrar a famosa estória de um oficial tuga, nos tempos do passado colonial, o qual enriqueceu roubando as rações de combate portuguesas que nós, guerrilheiros do outro lado, cobiçávamos por lhes sentir o inconfundível cheiro na refrega das emboscadas. O dito oficial tuga, pelos vistos, desconseguiu de desviar todas, pois ainda encontrávamos as latas vazias nos sítios onde o exército inimigo tinha acampado. O cheiro dessas rações me ficou no cérebro. Daí a obsessão de combater os desmandos cuja consequência seria a de ver os meus homens sofrerem a mesma humilhação de só cheirarem latas vazias. Por isso, acho, comigo acabou ou diminuiu bastante o tráfico de rações, acabou ou diminuiu a fome nas frentes militares. Não sou tipo de me gabar à toa e muito menos em situações como a actual. Porém, quero acreditar ter contribuído para uma maior igualdade no tratamento das situações de combate. Ao menos isso.

Levam-se tão poucas certezas desta vida.

Passei então à reforma.

A guerra estava mesmo no fim, só faltava a estocada decisiva. Me sentia cansado, não tanto dos trabalhos burocráticos e dos formalismos oficiais, mas dos vazios da vida. Era um economista, queria trabalhar como tal. Talvez nem soubesse já o que isso significava, mas queria provar a mim próprio ser capaz de elaborar projectos interessantes e sustentáveis. Sobretudo, de paz. Só aprecia verdadeiramente a paz quem muito conheceu de guerra, é um lugar-comum.

Não foi tão fácil convencer os chefes da minha vontade de reforma. Compreendiam o meu estado, mas continuava a ser considerado imprescindível. Claro, ninguém o é. Mas dá jeito achar isso, sobretudo aos chefes evitando mudanças, pois se instalaram na rotina da sesta a horas certas.

Fui finalmente trabalhar para uma empresa de transportes, cujos donos eram antigos colegas meus, também reformados das Forças Armadas. Se dizia, tinham conseguido obter uma série de camiões quando houve as eleições de 1992 e os bens do exército em extinção foram postos à venda ao desbarato para não caírem em mãos inimigas. Era um pouco irritante desconfiar de antigos colegas e ainda por cima trabalhar para eles. Mas ia fazer mais como? Não tinha capacidade nem gosto de montar a minha própria empresa. Também não queria bumbar para estrangeiros no meu país. Conformei-me e mandei calar a voz interior que me dizia, trabalhas com material cassumbulado às Forças Armadas. Roubado não seria, tecnicamente falando, mas de facto vendido muitas vezes abaixo do valor real. O argumento basicamente era o seguinte: se não fosse vendido a preço da chuva, quem teria dinheiro para o comprar, além dos inimigos ou dos estrangeiros? Não seria justo beneficiar aqueles que tinham tanto lutado pelo país numa fase difícil? Então o material foi vendido a preço da chuva, no salve-se quem puder antecedendo as eleições. O problema é não ter havido oportunidades iguais para todos, foram os kambas mais próximos os beneficiados. Engoli os escrúpulos chatos, reconheci a legitimidade capitalista dos patrões, e fiz o meu melhor no trabalho.

Nunca vivi tão bem. Realmente. Tinha uma reforma bastante decente como general, algumas mordomias vitalícias e um salário razoável como economista de uma empresa próspera. Por esse lado material, nada a queixar, gastava o que me apetecia e até economizava para a velhice próxima. Também ninguém me chateava no serviço, todos muito atenciosos, pudera, não é todos os dias que lhes cai um tipo com as minhas habilitações e prestígio no colo.

Fui uma vez a Cabinda tratar dos assuntos da firma. Fiquei lá três dias. Trabalho terminado, aproveitei para me escapulir por umas horas num jipe que pedi emprestado a um dos clientes, o qual não quis se afastar do querido carro e por isso veio agregado. Fez a gentileza de me deixar guiar, e eu usufruía do prazer de o fazer onde sempre tinha andado a pé. Fui dar uma olhadela à floresta-rainha, o Mayombe, claro. Não era aconselhável passear pelos matos, havia guerrilheiros dispersos. Eu tinha sido ali guerrilheiro também, por isso sabia dos perigos. E pouco adiantava dizer, não me apanham pois tenho experiência, a experiência não evita uma emboscada numa curva do caminho ou uma mina bem plantada na estrada. Não me aventurei muito, portanto, fui apenas respirar um pouco aqueles ares e rever os desenhos das sombras nas folhagens das árvores descomunais. Só queria apreciar de novo as centenas de tonalidades do verde que transpareciam pelo sol e seus reflexos nos troncos indo do negro ao amarelo. Os antigos cheiros voltavam a brincar com o meu nariz, os cheiros da floresta nunca esquecem. Fiquei no meio da mata um momento me parecendo demasiado curto, mas o meu companheiro de viagem tremia de medo, implorando a misericórdia de dar meia-volta. Regressei à cidade, já tinha matado saudades. Por uns tempos. De facto nunca se matam realmente saudades, é apenas uma forma de dizer.

As saudades voltam desde o momento que deixamos o sítio ou o ente amado.

Regressei de Cabinda para Luanda e tinha um recado da camarada Esmeralda, telefona-me urgente, tenho boas novidades. Esmeralda fora a responsável pelos estudantes em Moscovo, nos tempos em que lá estive, lembram?

O coração começou doidamente a galopar.

NUNCA DIGAS NUNCA

Em vez de telefonar, resolvi ir a casa de Esmeralda. Estava muito sorridente e me recebeu com o habitual carinho. No entanto, notei alguma hesitação, uma reticência, como se um receio misterioso estivesse por trás do carinho. Perguntou três vezes como eu me encontrava de saúde sem fazer caso da minha resposta positiva. Da segunda vez, lembrei-lhe ter-me informado ao telefone de novidades, a convidá-la a atirar tudo cá para fora de um sopro. Voltei a responder, estou óptimo, precisava mesmo de reforma das Forças Armadas, um tipo também se cansa de fardas e continências. Ela pareceu acreditar, fez hum hum, como os políticos a ganharem tempo e criando paliativos na conversa, mas ansiosos por outra coisa. De repente lançou a bomba, quando eu me começava a inquietar.

– Estive com Sarangerel. Em Cuba.

Estava à espera de alguma revelação imprevista, embora não tão precisa nem tão brutal. Era mesmo um canhonaço de fazer estontear qualquer valente. Felizmente já me sentara numa poltrona da sala. Se estivesse de pé poderia ter cambaleado.

– Ela está casada, te digo já. É a mulher do embaixador da Mongólia em Cuba.

Eu devia exprimir ou perguntar alguma coisa. Para isso ajudam as interjeições, os oh e haka de espanto. No entanto, fiquei calado, olhando para Esmeralda. Ela se sentiu na obrigação de preencher, sozinha, os vazios.

Numa conversa entre amigos não deveria haver vazios, mas existem, constantemente. Esmeralda não gostava disso, eu sei.

– Primeiro não a reconheci ou nem me chamou a atenção. Foi numa recepção oficial dada pelo governo cubano. Ela estava vestida à moda tradicional mongol e em Moscovo só a tinha visto uma vez, lembras-te certamente, vestida como todos nós. Foi há tanto tempo! Apresentaram-nos na recepção e o nome pareceu familiar. Só depois olhei a sério para ela, seria mesmo? No entanto, muita gente tem o mesmo nome. Ela falava russo, normal numa mongol culta, e perguntei se tinha estado em Moscovo. Disse, há muito tempo estudara lá. Tinha razão, já te falei, foi há muito tempo. Perguntei se por acaso não tinha conhecido um angolano em Moscovo e antes mesmo de dizer o teu nome os olhos dela brilharam. Júlio, sim, disse ela, conheci. Aí perdi a contenção e perguntei directamente, tiveste uma filha com ele, não foi? Ela concordou, nasceu Altan. E explicou em seguida, Altan quer dizer ouro. Pronto, era mesmo a tua Sarangerel. Expliquei que tu nunca casaste, como se estivesses ainda à espera dela. Era absurdo, toda a gente considera esta tese disparatada e já serviu para discussões entre camaradas, mas eu sei, é verdadeira. Sarangerel se abraçou a mim e chorou no meu ombro. Eu sou pequena, ela ainda é mais, se aninhou perfeitamente nos meus braços.

– Está mesmo à minha espera? – perguntou Sarangerel.

– Este tempo todo tem estado à tua espera – respondi. – É verdade, diz-me, ou menti para ela?

Eu ouvia. Nem percebi ser uma pergunta a mim dirigida. Não respondi, não mexi a cabeça, nada. Estava vazio de ideias. Sarangerel em Cuba? Esmeralda tinha falado com ela? Esta tinha começado a contar e não esperou pela minha resposta, continuou. Falou do marido da minha amada, o qual parecia ser uma pessoa muito gentil, não por exigência diplomática mas pelo seu próprio temperamento. Se tinha aproximado ao vê-la abraçada à mulher, depois ouviu a explicação de que se tinham conhecido em Moscovo, kambas do antigamente, Sarangerel limpando os olhos das lágrimas às escondidas, Esmeralda disfarçando a emoção também, pois então não é emocionante reencontrar a protagonista de uma estória tantas vezes contada e recontada em rodas de combatentes? O marido foi entretanto chamado para falar com outra pessoa e Sarangerel aproveitou perguntar por mim, queria saber como eu estava, o que fazia, e Esmeralda lhe contou das minhas vidas posteriores a Sarangerel.

– E pronto, é isto que eu tinha para te dizer. És avô, a tua filha Altan está casada e tem dois filhos. De olhos azuis, disse Sarangerel. Fazem sucesso na Mongólia, onde toda a gente tem olhos castanhos. Eles são como mongóis mas de olhos azuis, os teus olhos.

Eu era avô.

Estranha sensação para quem nunca chegou a ser pai ou a saber o que isso significa na prática.

– Coisa importante. Ela não sabia que tinhas conseguido ir à Mongólia. Chorou de novo quando lhe contei. Só viste as costas da vossa filha, também expliquei. Não sabia que tinhas escrito ao pai dela, não sabia das nossas insistências estes anos todos. Julgou que tentaste no princípio mas com o passar do tempo a tinhas esquecido, te tinhas resignado, acho. Não me disse, só que não soube mais de ti. Nada. Esconderam-lhe tudo. Mas não se queixou, chorou apenas.

Sarangerel não era pessoa para se queixar, isso eu sabia. Era uma domadora de cavalos, habituada a quedas perigosas e a desprezar nódoas negras.

– Obrigaram-na a casar?

– Não falámos mais, ali não dava para muitas confidências e eu vinha embora no dia seguinte. Não me disse em que circunstâncias casou. Mas não deve ser muito difícil de adivinhar, não é? Se ela pensou que tinhas desistido dela, pois nunca a procuraste, é normal ter aceitado um casamento ao fim de algum tempo.

Os pais contavam com isso e ganharam a aposta.

Não há amor resistente à solidão.

– Mas porque não vais a Cuba e lhe perguntas directamente?

Esmeralda sempre teve o condão de me surpreender nestes anos todos de amizade. Surpreender por dizer em voz alta o que eu muitas vezes pensava e timidamente calava. Ir a Cuba? Fora várias vezes no decurso da minha carreira militar, uma vez até de férias para conhecer melhor o país e sua história. Mas agora estava retirado, não seria assim tão fácil arranjar uma viagem, e até mesmo o visto cubano comportaria suas complicações.

Ela respondia às perguntas não formuladas, dom de certas pessoas.

– Vai ao ministério e logo sabes se há alguma missão. Há sempre. Se pedires para ser integrado numa delegação, ninguém tem a coragem de te negar isso. Sabes muito bem.

Sabia alguma coisa?

Precisava de estar sozinho. Incapaz de pensar, de falar. Queria ir para casa, enrolar-me na cama. Recusei pela primeira vez na vida a oferta de um uísque na casa de Esmeralda. Agradeci as notícias, dei-lhe os dois beijos da praxe, bazei na zuna.* Esmeralda não deve ter estranhado, naquele momento nem reparei ser uma atitude bizarra. Seria mesmo bizarra? Se foi, a minha amiga nunca me atirou com ela à cara, compreendeu. E aceitou. Quem não ficaria desnorteado com tal impacto? Pior que obus de canhão a explodir ao lado, dentro de uma trincheira. Noto insistir em imagens de bombardeamentos e guerra

---

* Bazar na zuna: escapar rapidamente. (N. E. B.)

neste relato, me desculpo, mas é a minha experiência, não tenho outra. Guiei até casa, usando apenas o sexto sentido, pois não me lembro de luz de rua, de barulho de carros ou gritos de pedestres, de apitos policiais, de nada.

Me enovelei todo na cama, chorando sem vergonha. Ia fazer mais como então? O mundo desmoronava, e a luz azul era demasiado ténue, lá à frente, luz luzinha azul.

Fui no dia seguinte ao ministério da Defesa, onde durante tantos anos trabalhei. Como se estivesse bêbedo, evitando ao máximo raciocinar, deixando as emoções me governar. No ministério todos me conheciam, desde as sentinelas da porta aos mais graduados e, apesar de reformado e trajando camisa civil, tive honras de continência por todo o lado. Estava desorientado ainda, não deu para apreciar na altura. Mais tarde estimei, possas, afinal ainda me conhecem e respeitam. Nada mau para um general famoso como Alicate. Nestas coisas de arranjar esquemas de desenrascar não há como ir logo o mais alto possível, só para começar, conforme aprendemos no socialismo de kambas. Pedi para ser recebido pelo ministro, ele próprio. O director de gabinete mandou-me sentar numa poltrona, entregou-me uma revista militar para entreter, ele está com dois generais mas, logo que saiam, eu digo que o espera aqui. Como contei antes, estava desorientado, drogado. Ou em êxtase, é igual. Por isso até nem sentia vergonha ou timidez por ir pedir uma pequena ilegalidade, ou enfim, talvez não ilegalidade no sentido absoluto do termo, mas de qualquer modo um privilégio exorbitante ao qual já não tinha direito. A desorientação me fazia minimizar os escrúpulos, que se lixe, ao menos por uma vez posso aproveitar das relações de amizade nas cúpulas e usufruir da organização débil da administração. Para um benefício pessoal. Dei muitos anos com o coirão na merda, também tenho direito. Nunca quis, quando era responsável, açambarcar terrenos de dez mil hectares ou mais, como muitos fizeram, para quintas de fim-de-semana, ou terrenos entre dois rios para explorar minas de diamantes, nunca aceitei sequer guardar um tanque blindado como recordação de guerra... Ao menos que me arranjassem uma viagem a Cuba. Seria exigir de mais? Não sei nem me interessa, é assunto sem graça.

Conseguir a viagem foi a coisa mais fácil do mundo.

Os dois militares saíram do gabinete do ministro, abraçaram-me, estás aqui, o ministro que os acompanhava também me abriu os braços e quase nem precisei de explicar para ele dizer, com certeza, com certeza, sai no próximo mês uma delegação com o vice-ministro, incluo-te já nela, e deu logo ali as ordens ao director de gabinete para executar prontamente, como convém a um militar. Nem perguntou a razão de eu querer ir a Cuba, não é fantástico? Nada de espantar, só causa mesmo admiração a quem não nos conhece.

Saltarei os nervosos detalhes desse mês que foi preciso esperar para a viagem. De como nasciam ilusões e de como as destruía logo a seguir, só quero falar com ela, ao menos uma vez, é tudo, saber da filha, dos netos, fazer uma série de perguntas que só ela poderá responder, e contar certas tristezas e derrotas sofridas durante a vida sem ela. Não contava com mais nada, trinta e cinco anos depois de a perder. Não tinha o direito de esperar alguma coisa, ela refizera a sua vida e não a poderia aniquilar, passado tanto tempo. Mas me concedam, ó deuses inexistentes e apesar disso cruéis, a consolação de falar uma hora com ela e de poder contemplar aquele rosto redondo de Lua Cheia.

Seria pedir de mais?

O trabalho deve se ter ressentido, pois eu andava como os liambados, um olho aqui e outro lá à frente, metade do cérebro num sítio e a outra metade perdida no espaço sideral, fazendo contas ao tempo de acabar o trabalho, fazendo contas ao tempo de chegar a casa, fazendo contas ao tempo de chegar o dia da partida. Nem imaginam quanto é bom não precisar de fazer contas ao tempo, porque ele se tornou eterno ou inexistente.

Saberão também um dia, fiquem descansados.

Mas ainda não era esse tempo da paragem. Era só o de preparar a cabeça para algum imprevisto me esperando do outro lado do Atlântico. Ressalvadas as devidas proporções, dei em mim comparando a viagem com aquela, de sentido contrário, feita pelos cubanos décadas antes na denominada Operação Carlota. Se tratava de dezenas de milhares de soldados e em aviões caindo aos bocados de tão velhos, partindo para ajudar um povo atolado em gravíssimos problemas de sobrevivência. Mas o imprevisto para eles seria o mesmo, que África é essa que vamos encontrar do outro lado do oceano, e que guerra? Sei hoje, estava a ser boçalmente presunçoso comparando coisas incomparáveis. Mas já o afirmei mil vezes, andava nesses tempos absolutamente despistado, panco, esgrouviado, cacimbado, para usar apenas algumas das palavras apropriadas.

Chegou finalmente o dia e lá segui para Cuba. À partida e no avião, bem tentei me desmarcar da comitiva oficial, por sentir estar nela a mais, só que não me deixavam. Era o vice-ministro a me chamar, senta aqui connosco, ou era um general meu amigo íntimo, junta-te a nós, ou foram os cubanos já lá em Havana, *compañero general, se quede con nosotros, coños, usted es nuestro invitado especial.* Acabei por integrar de abuso o séquito, ficando hospedado na mesma casa de trânsito do ministério cubano da Defesa, embora estando dispensado das reuniões e deslocações que não me interessassem. O melhor dos estatutos para um pato de delegação oficial! Se me dissessem antes da conversa com Esmeralda, vais fazer de pato um dia, eu diria, estão mesmo loucos varridos só de o pensarem, nunca farei uma coisa dessas, tenho vergonha na cara e bué de escrúpulos, só entro onde sou convidado. Que ideia! Lá estava de caxexe. Ainda por cima, o único civil.

É o amor, virtuosa desculpa.

No dia seguinte ao da chegada, pus-me em campo. Não foi difícil saber qual a residência do embaixador mongol. Fui bater à porta duas horas antes do almoço, quando tinha a certeza de ele estar retido no gabinete da chancelaria. De facto. Havia um polícia cubano fardado numa guarita, que abriu o portão e telefonou para dentro. Talvez pela ausência do chefe da casa, o segurança mongol que abriu a porta hesitou tanto em chamar a embaixatriz. Quer falar com ela sobre o quê?, me perguntou num espanhol de horrorizar um defunto ou um antepassado de pirata caribenho. Assunto particular, entregue só este cartão de visita, por favor. Tinha um com nome, telefone e endereço electrónico, usado em contactos profissionais. Para ela bastaria. Com muita relutância, o bófia lá foi entregar o cartão, olhando sempre para trás, mais parecendo eunuco guardador de harém. Nem me mandou entrar na casa. Felizmente não me deixou do lado de fora do muro, essa benevolência me concedeu.

Eram novos tempos e se notava perfeitamente a pequena câmara de vigilância insistentemente apontada para mim. Por isso não dei uns passos para a direita e para a esquerda, o que normalmente se faz nessas ocasiões para disfarçar a ansiedade. Doíam-me as tripas, um frio se espalhava a partir da barriga para a garganta, o coração galopava a ritmo infernal. Talvez naquele preciso momento estivesse Sarangerel a olhar para os ecrãs, tentando descobrir, antes de se apresentar na porta, quem era o desconhecido querendo falar com ela. Não, até podia estar a olhar, mas não para um desconhecido. Tinha o meu cartão entre os dedos trementes, não tinha esquecido o meu nome que um mês antes pronunciara à frente de Esmeralda, apenas tentava controlar a respiração, tão desregulada quanto a minha. Eis a razão pela qual eu estoicamente fitava directamente a câmara, para ela ver a minha determinação, a coragem de enfrentar qualquer coisa, por ela. Por ela, já não fechara a vida antes?

Quando o futuro se tornou porta de pedra
Respira fundo devagar devagar
Como os grandes peixes em águas profundas.
Sê tu próprio o teu respirar.

A porta se abriu. O segurança mandou entrar. Ouvi cerrar-se a porta atrás de mim mas nem percebi. Ouvi apenas. Porque pensar, reconhecer, perceber, reparar, se tinham tornado acções impossíveis: Sarangerel estava à minha frente.

Morri ou renasci? Haverá diferença?

Não havia dor. Não havia sensações. Apenas um rosto redondo, sorrindo timidamente, mas sem os olhos baixados. Os olhos castanhos fitavam os meus e nunca os senti tão azuis. Foi só isso, a sensação de ter olhos azuis no meio do castanho. E de estar parado de pé, imobilizado, talvez para sempre. As mulheres dão sempre lições de determinação, foi a primeira a reagir. Se aproximou e me agarrou na mão com as suas duas pequeninas.

– Júlio, Júlio.

A primeira coisa a perceber foi que deveria responder no mesmo tom, Sarangerel, Sarangerel. Mas fiquei calado. Ainda não tinha sensações. Mais tarde ela me contou, estaquei rígido e com um ricto na boca. Ela até se assustou um pouco, pensando nalguma súbita doença, um AVC por exemplo, acrescentou rindo. Parecia embrutecido, como o macaco olhando a Lua, a boca um pouco cambaleante para a esquerda, gelado por fora e por dentro, mas sem o saber. Só me apercebi da figura patética quando ela me contou, gozando, muito mais tarde. Era conhecido nos tempos guerreiros pelas reacções rápidas e precisas em momentos difíceis, o que me valeu certamente as promoções e o respeito dos camaradas. Mas naquele momento não reagia a nada, estava como a múmia de Tutankhamon no seu túmulo do Vale dos Reis. A diferença era ainda não terem passado mais de três mil anos sobre a minha morte, estava vivinho e pronto para muitas coisas. Pois é, mas não reagia, nem vontade tinha de o fazer. Deixem-me contemplar a sua face, tinha pedido a todos os espíritos... e finalmente estava a fazê-lo. Tantos anos a implorar a deuses e demónios, primeiro aos deuses dos diferentes comunismos, depois aos nossos deuses se escondendo astutos nas encruzilhadas, mais tarde a indiscriminadas divindades ou belzebus de todas as religiões, para me deixarem apenas vê-la, e finalmente chegar ao destino... Cheguei.

Foi a segunda sensação, tinha chegado.

A minha mão estava entre as mãos dela, embora não sentisse o seu calor. E comecei a ver. As lágrimas brotando dos olhos dela, os lábios se mexendo em murmúrios de russo, primeiro frases incompreensíveis e depois a mesma pergunta, sempre a mesma pergunta.

– É verdade que me procuraste?

A terceira sensação, entendi a pergunta. A vitória final. O dique rebentou, explodi em frases.

– Fui a Ulan Bator. Mas não me deixaram ver-te. Só me mostraram a nossa filha... Ou uma criança que disseram ser a nossa filha. De costas, correndo para a escola. A porta da Tchaika preta estava trancada, não pude sair para a abraçar. Resmungaram qualquer coisa contra os meus protestos pesados, o carro arrancou, ainda olhei para trás num desespero, mas ela já tinha passado a porta.

Os olhos de Sarangerel estavam marejados de lágrimas. Também os meus, senti depois o frio escorrendo pela minha face. Quem disse as lágrimas são quentes? Sempre foram geladas. Mesmo as de alegria.

Já não sentia o ódio contra o pai e a mãe dela, ódio que me acompanhou durante todos os anos. Nos separaram, por isso os odiava. Ódio vulcânico, tórrido, não o frio dos chineses que se consome como a vingança. Terei sobrevivido por causa desse ódio? Ultrapassei catástrofes, guerras, perigos extremos só por odiar os pais dela? Hoje sei, não era afinal o ódio que me movia. Vivia para chegar ao momento de poder para ela olhar. Esse momento chegou. O objectivo da minha vida durante mais de trinta e cinco anos tinha sido alcançado. O ódio podia pois recolher-se furtivamente para a sombra do esquecimento.

– Fiz petições. Levei o meu partido a fazer petições. Depois o governo. Os responsáveis do teu país nunca me deixaram falar contigo ou com o teu pai, pedir-lhe a tua mão. Ou foi o teu pai que não quis, não importa. Escrevi mesmo duas cartas a suplicar para casar contigo, a reclamar direitos sobre a minha filha. Nada. Nunca houve resposta, Ulan Bator continuava muda como sempre. Decidiram pôr um manto sobre ti, não consegui descobrir onde estavas, o que fazias, se ainda existias, nada. Só me mostraram a nossa filha, nem sei porquê. Deve ter havido contradições entre eles, dúvidas, e deixaram-me ir para depois se arrependerem da fraqueza demonstrada e me despacharem brutalmente no primeiro avião. Algo se terá passado e nem tu deves saber. Mas nesses regimes era assim, coisas pessoais eram decididas ao mais alto nível, tudo era político, mesmo o amor entre dois jovens. Tudo era político. E, agora que esses regimes se corroeram por dentro e desapareceram, os antigos responsáveis ainda se perguntam porque foram derrotados. Afastaram-nos um do outro só por sermos de países diferentes, por um ter olhos castanhos e o outro azuis. E ao mesmo tempo gritavam vivas ao internacionalismo e à amizade eterna entre os povos. Tudo mentira! Todos estes anos eu te queria dizer isto, vivemos sem o saber numa mentira permanente e continuaram sempre a mentir-nos.

Ela deixou-me desabafar. Só assentia com a cabeça, já de olhos secos. Fui explicando em detalhe os anos sem ela e as tentativas de a reencontrar. Só não disse uma verdade, é que nos conhecemos em Moscovo com uma mentira minha, mas esse era o meu segredo. Desabafei até ficar cansado. Finalmente falou:

– Não me contaram nada. Aliás, disseram uma coisa, mais tarde. Que esquecesse, porque nunca tinhas manifestado nenhum interesse em me rever ou em conhecer a tua filha. Nara me explicou, tentaste ter um visto na embaixada de Moscovo e te recusaram o visto. Isso eu soube. Mas Nara depois desapareceu e não tive mais notícias. Eu achava primeiro tu não podias, tinhas uma guerra à tua espera. Depois da independência de Angola, altura em que já podias te virar para mim, isso não aconteceu. Acreditei de facto que me esqueceste, fora um fogo de juventude. Então aceitei casar.

Havia silêncios entre nós. Os silêncios se tinham estabelecido muitas décadas antes, agora seria difícil preenchê-los. Não tinha importância. Os silêncios também são expressivos. Ficámos momentos calados, nos olhando. Ela levou-me para uma cadeira e se sentou também. Porque eu me mantinha gozando silêncios, sentiu necessidade de falar. Ou de se justificar. Não sei, de facto não era importante.

– O meu marido é um bom homem. Antes do casamento, quando lhe falei de ti e do que pensava ter acontecido, ele compreendeu serenamente. Disse ao fim de algum tempo, espero conseguir fazer-te esquecer esse jovem, se me ajudares...

– Tens filhos com ele?

– Tenho dois. Um rapaz que é engenheiro informático. E uma filha, médica pediatra. Ela já me deu dois netos. Estão na Mongólia, tal como Altan e os outros netos. O meu filho é solteiro, vive nos Estados Unidos, trabalha para uma empresa de computadores.

O mundo tinha dado uma volta, de facto. Difícil de imaginar o neto de um ministro da Defesa da Mongólia, democracia popular, a viver nos Estados Unidos, o grande inimigo imperialista. E que ministro! Um general irredutível, desumano, cruel, o meu carrasco.

Sarangerel queria contar outra coisa, voltar ao que falava antes da minha pergunta/interrupção. Continuou:

– No mês passado, depois de encontrar a camarada Esmeralda, falei com o meu marido. Relatei os factos, acabados de me serem contados. Que afinal sempre me procuraste, que não tinhas desistido de mim, as verdades escondidas pela minha família. O meu marido lamentou e estava a ser sincero, sei...

Sarangerel interrompeu a fala e ficou em suspenso. Como quem hesita, digo ou não? Por fim, lá se atreveu e numa voz muito sumida, que me pareceu de mentira, não soube no momento porquê, disse:

– Temos entretanto conversado sobre o assunto. Ele quer te conhecer.

– Mas eu não quero. Que ideia é essa? Porque hei-de conhecer o teu marido?

– Pessoas civilizadas conversam. Nós tentamos ser civilizados.

Nós, angolanos, sempre fomos civilizados, tive vontade de retribuir, e não conheço caso de uma rapariga mwangolê grávida ser raptada pelos pais para não ficar com o pai do seu filho só por este ser estrangeiro. Mas era uma querela sem sentido, saber se uns povos são mais educados que outros. Sempre foi o argumento principal dos europeus para colonizar outras nações, o direito à comparação entre culturas numa hierarquia, o que lhes dava a tranquilidade de espírito para apregoarem estar a civilizar os indígenas, incultos, bárbaros, selvagens. Como comparar passados e experiências? Mordi a língua que ia falar uma qualquer barbaridade nacionalista.

– Compreendo – disse eu. – Mas vou falar o quê com o teu marido?

– Não sei. Ele quer. Disse que talvez um dia nos encontrássemos e gostaria de te conhecer. Nem imaginava que fosse tão cedo.

– Pois é, vim a correr. Aproveitei a primeira oportunidade.

– Vieste só por minha causa?

– Claro, já estou reformado das Forças Armadas e portanto não teria sequer direito de vir nesta delegação. Trabalho numa empresa privada. Mas quando Esmeralda me disse que te encontrou aqui, arranjei boleia na primeira missão de serviço a Cuba, vim ter contigo. Para te ver. Apenas para te ver.

– Então podes falar com o meu marido.

Lá estava ela. Sarangerel era assim, teimava devagarinhovagarinho, como se não fosse. Podia rodear o discurso, seu ou do outro, para voltar sempre ao mesmo objectivo, como chineses em negociações, formigas diligentes guardando os seus tesouros. Sarangerel queria que os dois conversássemos e nunca desistiria dessa pretensão. Era certamente a sua sabedoria, milénios de sabedoria contemplando as estepes sem fim. Tentei imaginar o que diriam os mais velhos, os sekulos do meu kimbo, talvez a mesma base de discurso, a conversar o leão e o elefante evitaram um combate fratricida, por sugestão do sábio cágado. Seria assim o começo de alguma fábula da minha banda. Não era difícil imaginar o contexto. Em tempos de muita fome e miséria, o leão e o elefante lideravam grupos rivais na procura ou da carne ou do capim. E se combatiam desesperadamente. Até que o cágado, conseguindo fazer ouvir a sua voz profunda do alto de um morro, lhes disse, estúpidas criaturas, chocam constantemente entre vocês e eu fico no meio, por isso a minha carapaça é tão dura, para resistir aos vossos choques de gigantes sem cérebro. No entanto, se conversassem, podiam chegar a um entendimento permitindo dividir a pobreza entre todos.

Quando é para dividir as riquezas, tudo se torna fácil, não exige imaginação, só força. Mas dividir a pobreza é bem mais complicado, e por isso, vocês, cegos e estúpidos, pensam apenas em lutar para evitar atingir o impossível. Vamos sentar à sombra de uma árvore e conversar. Encontraremos certamente a solução, o impossível morreu de velho.

Filosofia seguida igualmente por Sarangerel. Oh, a sabedoria das civilizações antigas...

– Posso falar com ele. Só não percebo para quê.

– Se falares, talvez percebas.

Claro, era a conclusão lógica da fábula anterior. E ela mais uma vez cerzindo as ideias e as intenções, volteando.

Não foi mais explícita. Rematou:

– Podes vir amanhã almoçar connosco?

Achei, devia fazer algum humor. Ou mostrar que não tinha esquecido nada do passado. Perguntei, ao mesmo tempo que me considerava um perfeito cretino:

– Vais servir *bushuur*?

Ela sorriu, e simultaneamente os seus olhos embaciaram de novo. Lembrava certamente as vezes que tinha feito os pastéis para mim e as nossas conversas sobre as comidas tradicionais dos dois países.

– Nada mais apropriado – disse.

Tinha provado a última vez em Ulan Bator, quando me deixaram lá ir. Comi como se fosse a última refeição do condenado. E não me soube bem, não podia, claro. A carne parecia estar rançosa e seca de mais, a massa não era estaladiça. O melhor caviar naquele momento saberia a batata sem sal. (Isto para quem gosta normalmente de caviar, claro, não evito parentesiar. E, já agora, perdoem a tosca rima.)

Sarangerel bateu levemente com a mão na testa, gesto característico que eu não esquecera.

– De facto podias ficar já hoje para almoçar. Ainda dava tempo de mandar fazer *hushuur*. Mas acho melhor falar primeiro com o meu marido.

Mulher fiel e honesta.

Azar o meu, não usei da sua fidelidade. Conheci algumas, e talvez até fossem tão fiéis e honestas, mas não lhes dei tempo de o demonstrarem. Realmente, pouco me importavam, só uma existia.

– Como se dá a nossa filha com o teu marido?

Sarangerel sorriu aquele sorriso tímidodoce dela. Sorriso que eu não pudera roubar e aprisionar para sempre. Tinha-o apenas numa fotografia descolorida dos tempos de estudante. Fotografia na carteira, claro. E a mesma, mas em dimensões grandes, emoldurada na sala de estar da casa. E outra mais pequena, na mesinha de cabeceira. Era o sorriso dela, que me preenchia a existência, mas sorriu também para outras pessoas, depois de mim. Por isso falei em aprisionar, privatizar, que o tornasse só meu, intransmissível.

Ciúmes.

– Dão-se muito bem. De facto Altan considera-o o seu pai. Sabe que tu exististe, mas apenas conhece a versão da família, claro, exististe e nunca mais ninguém soube de ti. O único pai que conheceu foi ele, o meu marido. Dão-se muito bem. Tens de compreender.

– Compreendo. Mas dói. Por isso não tenho muita vontade de o conhecer. No entanto, Esmeralda disse que ele é gentil.

– Muito.

– Pois. Mas eu tenho medo de sentir necessidade de o ferir, de me portar como um garoto.

– Tu não és assim. Vais entender-te facilmente com ele. Eu sei.

A intuição dela. As mulheres sempre consideram ser muito intuitivas, com um instinto infalível. Por isso, em Moscovo, Sarangerel me disse, as coisas estão a se compor, a minha mãe já passou um pouco para o nosso lado. Engano, a mãe não estava do nosso lado, estava apenas do lado das ambições políticas do marido. Agora de novo Sarangerel tinha intuições positivas. Sorri da minha própria sacanice. Sim, porque eu sabia estar a pensar sacanices. A dor faz-nos cruéis. A dor muito prolongada faz-nos cruéis e indiferentes à crueldade, o que é ainda pior. Felizmente pensei só para mim, de boca fechada. Sarangerel talvez fosse capaz de ler pensamentos, antes era com certeza, mas tinha passado muito tempo desde então e já não conhecia ou adivinhava os escaninhos do meu cérebro, ainda mais retorcido pelo sofrimento de décadas. Continuava a sorrir o seu sorriso doce. Na maior das inocências. E eu, nesse preciso momento, a imaginar-me um Otelo a descarregar pela violência das punhaladas as frustrações do ciúme.

Além do ciúme, havia perguntas, muitas. Mas uma ficara a brincar com os meus nervos, algo dito por ela.

– Nara desapareceu, disseste. Nunca mais soubeste dela?

– Esteve lá uma segunda vez de férias. Disse que tinhas acabado o curso e foste para um treino militar. Que tinham combinado um contacto permanente para ela te informar sobre mim.

– Exacto. Mas nunca me escreveu.

– Nem a vi, nunca mais. Desapareceu. Achei estranho na época. Éramos suficientemente amigas para trocarmos confidências. E ela passou a ser importante para nos pôr em ligação. Por isso estranhei. Ninguém me sabia informar. E como eu não podia sair de casa sozinha...

– Mistérios das democracias populares...

– Ela não estava satisfeita com muitas coisas – disse Sarangerel. – Talvez tenha terminado o curso e arranjado maneira de escapar para lá da cortina de ferro.

Podia ser. Uma vez no Ocidente, também lhe seria difícil entrar em contacto comigo ou mesmo saber por onde eu andaria. E também não teria novidades a dar-me, portanto não me procurou, a ligação se quebrou. Era uma explicação, embora houvesse outras bem mais razoáveis. Não quis levantar uma suspeita que seria dolorosa para Sarangerel, a possibilidade de o pai ministro ter descoberto o pombo-correio e mandado um milhafre atrás. Havia coisas que se podiam pensar, mas nunca afirmar sem provas seguras. Não o sugeri, evitando constrangimentos para Sarangerel, mas pensei, esse general-ministro era capaz mesmo de tudo, conheci demasiada gente assim.

– Porque Altan? – perguntei despropositadamente, mas para mudar o rumo da conversa.

Ela fez um breve sorriso, como uma moça apanhada em falta. Para disfarçar ou ganhar tempo, foi a uma outra mesinha e trouxe uma moldura com uma fotografia. Uma jovem senhora, alta e com olhos ligeiramente rasgados, com duas crianças pela mão.

– Altan e os teus netos.

Voltou a sentar e deixou-me a moldura nas mãos. Achei a minha filha muito bonita. Teria a mesma opinião se fosse filha de outro? Os netos eram engraçados, mongóis de olhos azuis.

– Altan quer dizer ouro. Ela é mongol, tinha de ter nome mongol. E era o meu ouro, tudo que restava de ti.

Um homem gosta de fazer de duro. Sobretudo um general na reserva. E não general de gabinete e papéis, realmente um general de muitas batalhas. Mas uma frase dessas derrete qualquer blindagem. As lágrimas não resistiram, derrubaram os diques da minha dureza. Sarangerel não me acompanhou nas lágrimas. Ficou a ver-me chorar, agarrado à fotografia. Até me sentir ridículo. Limpei os olhos, me levantei num impulso inconsciente.

– Vens amanhã almoçar?

O que podia dizer ou fazer? Aquiesci em silêncio. Dirigi-me para a porta de saída, sem me despedir, a moldura na mão.

– Podes levar a fotografia. Amanhã dou-te outras.

De costas levantei a moldura e abanei-a suavemente, gesto de despedida. Abri a porta da sala e lá estava o bófia guardando a saída. Nem esperei que ele se antecipasse para a fechadura. Tonto, alucinado, com vontade de chorar. Hoje digo, sempre saí cá um maricas chorão... Felizmente tinha havido apenas uma testemunha. E essa era testemunha de defesa. Sarangerel, nome de ave e mel.

Ou de luar.

O carro do protocolo militar estava à minha espera. Pedi para me levar ao Malécon. Deixei-o parado no primeiro estacionamento, fui andar ao longo do muro marginal. O mar estava agitado com o vento do norte. Vento vindo directamente da Flórida, a uma centena de quilómetros. Vento e frio, uma nortada. Talvez houvesse tempestade no Caribe, são frequentes. As ondas chocavam contra as rochas e a espuma saltava por cima do muro de protecção. Seria perigoso naquele dia atravessar o canal em barcos pequenos. Muitos o fizeram, por várias razões, no decorrer dos anos. E era desagradável percorrer o Malécon. Andei na mesma, me mortificando. Primeiro para lá, depois para cá. Quilómetros. O ar vinha impregnado de sal e respirava humidade. Pouca gente se aventurava nesse dia por aquele passeio, pouco disposta a apanhar uma molha. Só os malucos, os desesperados, alguns atletas treinando corridas, e eu. Tinha ficado molhado logo no princípio da caminhada, quando desprezei as primeiras gotas caindo sobre o fato. De volta ao carro, a roupa estava toda encharcada. A cara também e o cabelo. Por isso o militar meu motorista não notou as lágrimas. Deve ter apenas pensado, este companheiro é bizarro, gosta de se molhar com as nortadas. Como bom militar, porém, não exprimiu a opinião, conduzindo-me antes para casa.

No dia seguinte, desmarquei-me de uma ida a Camaguey, itinerário turístico da delegação. Tinha um assunto a tratar, foi o suficiente para calar os protestos dos meus camaradas. Deviam comentar entre si, que assuntos podia eu ter a tratar em Cuba? Se fosse noutro país, haveria negócios, compras, cumplicidades. Mas em Cuba? O instinto nacional indicou, só pode ser mulher. Sorriram, cúmplices, com a malandrice habitual. E não estavam longe da verdade, no entanto. Se enganavam afinal nos detalhes, pois entre eles conversaram e chegaram a um consenso, devia haver um namoro antigo com uma das cubanas que nos apoiaram nos tempos difíceis, talvez uma médica ou uma professora, mais dificilmente uma militar. Soube mais tarde dos comentários. Nessa altura, já nem foi preciso corrigir suposições, a verdade seria quase pública.

O fato usado na véspera tinha secado e as calças de novo vincadas pelo serviço da casa de trânsito. Na habitual imprevidência, não trouxera outro. E não parecia bem ir almoçar a casa de um embaixador sem fato ou traje tradicional. Também é verdade, uma *guyabera* bastaria, o informalismo dos cubanos contaminando o corpo diplomático. Mas quis levar fato e gravata. Pena já não estar no activo, senão iria de farda. Para impressionar. Quem? Sarangerel não seria, certamente.

Os ares fortes de Cuba faziam-me idiota, sem dúvida.

O mesmo bófia veio abrir a porta. Sarangerel vinha acompanhada do marido receber-me solenemente. Nos olhámos um ao outro. Tentei não medir o embaixador de alto a baixo, como se faz a um adversário desconhecido. Desejo quase impossível. Queria apenas ter olhos para ela, mas a presença masculina me impedia. Os modos dele me pareceram no entanto cordiais. Pelo menos o eram as palavras.

– Bem-vindo, general – disse num russo melhor que o meu. – Há muito queria conhecer o pai biológico da nossa querida Altan.

Sentei na mesma poltrona da véspera, remoendo pensamentos. Essa de pai biológico é já para me retirar quaisquer direitos, conheço a música. E se quisesses mesmo conhecer-me, tinhas conseguido, meu sacana, pois dispunhas de muito mais meios que eu. Tinha realmente pouca vontade de ser condescendente, mas percebi rápido estar de facto a ser injusto, o pobre homem não fazia até então a menor ideia sobre a minha existência, eu era um tipo desaparecido na voracidade de uma guerra. Se nem a mulher sabia de mim... Eu era naquele momento um poço de contradições, navegando entre a vontade de ser agradável (*civilizado*, diria Sarangerel) e o ciúme corroendo os nervos.

Há desculpa.

Vieram os aperitivos. Aceitei um uísque, embora tivesse vontade de pedir uma vodka, talvez até mais apropriada à ocasião. Considerei o caso como uma imagem, eu estava a usar alegorias, tudo fazia com intenções e subentendidos. Se falávamos russo, então bebia uísque. Se tivéssemos escolhido o espanhol, talvez pedisse gin. O mongol, nas prudências, escolheu água tónica.

São muito comedidos, os diplomatas, sempre atentos, na defensiva.

Sarangerel tinha ido saber do almoço e nos deixou entregues às bebidas. E a uma conversa se adivinhando difícil. No entanto, havia uma escapatória. Há sempre, nessas ocasiões. A situação política de ambos os países seria o tema. Então como vai a Mongólia e então como vai Angola? E cada um tentou explicar ao outro os caminhos e experiências da passagem de regimes autoritários para democracias pluralistas. Ele era embaixador e tinha de pintar de cor-de-rosa todos os tropecilhos do complexo processo mongol. Eu nem político já era, estava livre de relatar o que pensava, mas sempre segui uma máxima, só falo mal do meu país entre os meus. Ainda por cima, ia de boleia numa delegação governamental. Descrevi pois o processo com as cores mais optimistas que consegui arranjar, apesar de tantas dúvidas e amarguras. O embaixador não escondeu a crise provocada no regime mongol pela Perestroika de Gorbatchov, que os apanhou desprevenidos, sem uma burguesia capaz de segurar o leme. Explicou os jogos escondidos nos bastidores da política e a maneira como encontraram algum equilíbrio, ainda precário. Eu contei algumas cenas de guerra e o conturbado processo que provavelmente nunca deixará de o ser, com todo o realismo. Havia conversa para um almoço inteiro.

E foi o que realmente aconteceu.

Comemos entradas, sendo hoje incapaz de as enumerar, *hushuur* certamente, sobremesas e cafés com digestivos. Mas só recordo uma conversa agradável, sem escolhos, sobre política, assunto cheio de pontos de convergência, até mesmo o escândalo das eleições americanas fazendo Bush cassumbular a vitória a Al Gore, pouco tempo antes, ali pertinho, na Flórida, para tentar meticulosamente espalhar toda a merda pelo mundo. Muito democratas, riu o embaixador, riu Sarangerel, e eu ri também. Era uma inconveniência protocolar da parte dele, mas entre amigos os embaixadores permitem-se a um dado momento baixar a guarda e dizer o que pensam, pelo menos sobre países terceiros. Aliás, falar verdades sobre as burrices dos Estados Unidos na época Bush deixou rapidamente de ser desdiplomático, apenas frases óbvias para entreter. E se havia microfones coscuvilhando a nossa conversa, certamente não seriam norte-americanos, podíamos estar tranquilos!

Num bom almoço a tranquilidade é importante, ajuda a digestão.

Durante todo o tempo, esperava um gesto do meu anfitrião indicando mudança de conversa. Para assuntos mais pessoais, perturbadores. Mas tal não se verificou até ao fim. O convite de Sarangerel era mesmo só para aquilo, que nos conhecêssemos, que não fôssemos bichos estranhos um para o outro. Eu imaginava, ao menos a evocação da minha filha apareceria pelo meio, mas só aconteceu no fim, quando a mãe me passou um envelope para as mãos, tens aí fotografias de Altan e dos filhos. Sem mais comentário. O marido sorria, condescendente. Preferi travar o impulso inicial de abrir o envelope à frente deles. Não abri, pois podia exprimir alguma comoção. É sabido, pelo menos consta de todos os exemplos de estereótipos entre culturas, os africanos são expressivos em demasia, enquanto os orientais são extremamente reservados. Ver fotos da minha filha podia originar alguma debilidade emotiva, quanto mais não fosse um soluço reprimido, um engolir de saliva precipitado, um humedecimento do olhar, quando devia apenas sorrir diplomaticamente, fria e cinicamente. Numa palavra, fazer de filho da puta controlado. Fiz.

Se pensam que me gabo, estão enganados.

Nos despedimos civilizadamente. Partiria no dia seguinte para Luanda e a minha missão estava cumprida: tinha visto Sarangerel, recebi notícias da minha filha. Ela não sorriu na despedida. O marido sim, estava satisfeito com o tom cordato do encontro, talvez supondo se confirmar como um óptimo diplomata. Até podia ser, quem sou eu para julgar? Fingi indiferença amigável, me voltei no passeio para lhes fazer um adeus simpático, *civilizado*, entrei no carro.

Com vontade de morrer.

Estava no quarto de hotel, à noite. Os da delegação tinham um jantar de despedida, mas arranjei uma desculpa. Dores. Requisitei uma garrafa de rum e de vez em quando telefonava para o serviço de quartos a pedir mais gelo. A garrafa já ia adiantada e contava acabar com ela antes de partir para Angola. Como dizíamos nos tempos da guerra, se tratando de uma garrafa de bebida, nunca se deve deixar um prisioneiro ferido nas nossas costas, ele pode disparar à traição.

Tocou o telefone.

Era Sarangerel.

– Não nos despedimos – disse ela.

– Pois não. Enfim, não como eu queria...

– Falei com o meu marido. Ele compreendeu.

– Compreendeu o quê?

Silêncio prolongado. Repeti a pergunta. De novo um curto silêncio. Depois ela falou de um jacto, para não dar tempo ao arrependimento.

– Quero ir ter contigo a Angola. Arranjas um visto de entrada?

O silêncio agora foi meu. Certamente tem relação com a idade, os velhos não reagem tão rapidamente aos estímulos ou às surpresas como os jovens. Ou efeitos do rum. Uma confusão se estabelecia na minha cabeça e era incapaz de a deslindar. Qual o significado de tudo aquilo? Sarangerel ir a Angola? Perante o meu silêncio de incredulidade total, ela insistiu, com voz mais firme e pausada.

– Se me arranjares visto de entrada, vou visitar-te a Angola. Tu vieste visitar-me. Eu retribuo.

– Visitar?

– É uma maneira de dizer. Visito e fico para sempre. Aceitas?

Agora a intuição, negada com ferros por medo da desilusão seguinte, se transformou em certeza. Suspeitara de alguma revelação inusitada quando percebi ser ela ao telefone. Apenas não queria acreditar. Sofri demasiados desapontamentos na vida para crer à primeira num milagre. A intuição afinal era verdadeira.

– Espera. Vou ter contigo.

– Não. Já é tarde e vais partir de manhã cedo. Eu vou visitar-te em breve. Trata do meu visto de entrada.

– E despedimo-nos assim?

– Assim mesmo, pelo telefone. Vou enviar-te um e-mail com os dados do passaporte. Até breve, meu amor.

Ainda tentei falar, reconfirmar o confirmado, mas ela desligou o telefone, tinha urgências. Seriam dúvidas, temores? Para não ser ouvida por estranhos, de casa dela ou das escutas? Esses serviços eram activos e curiosos, já se sabe. E fomos claros ao falar, não usámos códigos nem alusões. Hesitei. Não seria difícil obter o número da residência do embaixador da Mongólia. Talvez até fosse difícil, sim, normalmente se tratam de números confidenciais. Mas não fazia sentido telefonar e ser o marido dela a atender. Situação constrangedora. Não. Ela prometeu enviar um e-mail, mas eu nem possuía o dela. Dera apenas o meu no cartão de visita. Tinha de confiar em Sarangerel. Se não confiasse nela, em quem poderia confiar? Confiar e esperar.

Tinha esperado uma vida inteira, ou alguém já se esqueceu?

Para esperar melhor, existem felizmente garrafas de rum pela metade.

Ele respirou fundo como os grandes peixes
Deu voltas frenéticas nas águas profundas
Respirou devagar devagar
Enovelou o suspiro no espírito
Rompeu de pedra a porta
Ousou enfim olhar o futuro.
Existia.

A ESCOLHA

Apesar de não ter dormido e sentir uma ligeira ressaca pela garrafa inteira derrotada, devia apresentar qualquer traço revelador no rosto. Algo luminoso. Antes de embarcarmos, durante o pequeno-almoço, os meus companheiros de viagem e o próprio vice-ministro sorriam, coniventes, correu-lhe bem a estada, general, a sua cara não engana, reencontrou a felicidade.

Seria possível os serviços secretos cubanos terem já descoberto tudo e informado os kambas mwangolês? Não, assunto delicado de mais para ser assim tratado. E nestes aspectos de relacionamentos pessoais, os cubanos eram não só tolerantes como discretos. Ninguém da delegação descobrira nada. A minha própria cara revelava os segredos, era evidente. Para quê esconder então?

– De facto a estada foi muito rentável.

Me odiei pela linguagem usada, parecia um frio homem de negócios, como se trabalhar numa empresa me tivesse feito vestir uma nova pele, de capitalista sôfrego. No entanto, os companheiros aprovaram, satisfeitos com a confirmação do meu sucesso.

Cuba nunca me traiu, essa ilha me dava de facto sorte.

Comemos com apetite a última refeição antes de enfrentarmos a longuíssima viagem. Os companheiros cubanos fingiam não partilhar do nosso apetite, mal provavam a comida, poupando mantimentos para futuras visitas, a ilha passava dificuldades que eles, por delicadeza, tentavam esconder. Assim é Cuba, assim são os cubanos, com seu orgulho, pobres mas não pedintes. Nem forretas.

Estava depois sobre as nuvens, no avião, mas como se pairasse dentro delas. De olhos fechados, acordado, gozando a consistência suave das nuvens, sentindo com complacência a minha companheira de algum tempo, aquela dorzinha nas costas que me lembrava estar acordado. O Atlântico é uma cama de plumas de cisne, o futuro é feito de plumas e nuvens e Sarangerel. Sarangerel. Não tinha outro pensamento, estava impregnado da sua presença. Como sempre. Uma vida inteira a sonhar com uma pessoa, imaginando um leito de plumas de cisne, tão macio, ou a sombra acariciante de um coqueiro. Ia ser difícil passar o tempo até à chegada dela.

Não foi.

A casa tinha de ser preparada. Era a residência de um solteiro empedernido e desleixado, que se preocupara apenas em ter um sítio onde morar, enfrentando críticas dos amigos e sobretudo das mulheres dos amigos, nem te importas como vives, pareces um miserável, quando afinal nem és. Agora a residência devia ser arranjada para receber uma senhora. Ainda por cima senhora embaixatriz, habituada a viver bem e no maior conforto, em palacetes. Mandei pintar as paredes da casa por dentro e por fora. Comprei alguma mobília nova, sobretudo uma cama grande e móveis para o salão. Escolhi o estilo tradicional em madeira de luxo, nas improvisadas oficinas da beira da estrada para Viana, nuns artesãos que levavam os olhos da cara mas faziam mobílias únicas, dignas do rei do Kongo. Pedi a umas amigas para orientarem a disposição das coisas e o fornecimento da despensa. Sobretudo, foi preciso ensinar Dona Dulce, minha empregada durante vinte anos, a ter hábitos mais sofisticados nas arrumações e outro cuidado com as limpezas e tratamento da roupa. A senhora só muxoxava, descrente na minha mudança para homem casado. As minhas amigas insistiam com ela:

– Vai ter de tratar bem deles, Dona Dulce, é como se fosse um casal de jovens, é a mesma coisa.

– Onde já se viu, um mais velho desses agora é que vai arranjar mulher? – refilava a senhora.

Antes ela passava a vida a chatear-me, porque homem a sério não vive sozinho, tem mulher e muitos filhos.

– Apesar de branco é africano e nunca vi africano sem mulher, pelo menos uma, duas até era melhor.

Falava assim apenas para manter as aparências, pois correra com um marido que tinha arranjado outra mulher além dela. E lhe dava jeito o meu solteirismo, tinha pouco trabalho e nenhuma dona de casa a controlar. Agora que eu ia amigar, ela refilava, já era velho de mais... Típico! Coisa grave para ela, tinha desencaminhado mulher alheia, no outro lado do mundo. Esperava que ao menos simpatizasse com Sarangerel e se entendessem. Até certo ponto era problemático, pois estava comigo desde a transferência do Lubango para Luanda e considerava ter certos privilégios que talvez perdesse com a presença de outra mulher. Estes problemas caseiros e algum trabalho a mais no serviço fizeram que o tempo voasse, até ela chegar. Quanto ao visto não houve problemas, ela obteve-o com facilidade. Ou obtive eu para ela, dava no mesmo.

E chegou.

Era Abril, um dia de sol pleno e relativamente fresco para a estação. O tempo foi clemente para o seu primeiro encontro com a minha terra. Pena não ter sido no Lubango, onde Abril é ainda mais azul e fresco e cheira logo a todas as frutas e flores do país. Não se pode ter tudo na vida, por isso chegou apenas a Luanda.

Devo confessar, até a ver sair do avião, não acreditava totalmente no tal milagre prometido. Eram muitos anos de descrença e à última hora acontecem sempre imponderáveis que atrasam uma vida de uma vida. Mas ela veio mesmo e pôs os pés em terra e eu percebi, vincou-os bem, marcou território, naquele jeito seu, aqui eu devia ter chegado muito antes mas agora é meu esse chão. Não pousou os pés, enterrou-os no asfalto do aeroporto. Um dia irei ver o sítio para reconhecer as marcas, elas têm de estar lá. Não se chega a um país da maneira determinada como ela chegou sem deixar um vinco no chão.

Gostou da casa, gostou de Dona Dulce, gostou do cheiro, do clima, da balbúrdia da cidade, do nosso desgoverno e indisciplina de todos os dias, gostou de tudo. Estava num sétimo céu que nunca tinha conhecido, me confessou um dia. Era uma África diferente da que tinha imaginado, mas todos nós sabemos como África sabe se transformar naquela que cada um tem dentro de si. E, afinal, a que estava dentro dela era a melhor imagem de África. Talvez resquícios da terra que lhe fui revelando em Moscovo, da minha meninice lubanguense, e cujas recordações guardava mesmo em fiapos.

Dona Dulce também se entendeu rapidamente com Sarangerel. Sabiamente, dividiram os espaços e as respectivas competências, como só podem fazer as mulheres, mesmo sem falarem a mesma língua. Uma preocupação a menos para mim.

Os filhos, por outro lado, segundo Sarangerel, tinham compreendido a opção da mãe, depois de ela lhes ter demoradamente contado os mambos. O marido também foi estupendo, um verdadeiro kamba. Lhe concedeu o divórcio sem litígio, agradecendo mesmo os anos bons que lhe tinha proporcionado. Me pareceu um pouco exagerado, mas, enfim, ainda há maridos compreensivos, talvez. Altan ansiava por me conhecer e dar a conhecer os meus netos. Combinámos então um encontro de toda a família dela (com excepção do antigo marido, obviamente), na Itália. Um dia lá fomos e estivemos duas semanas de férias todos juntos. Acho, nenhum ficou muito desiludido com as relações tecidas, embora pudessem surgir alguns desentendimentos ligeiros e pontos de fricção entre pessoas tão diferentes e vivendo uma experiência singular. Notei sobretudo um sorriso cúmplice nos olhos da minha filha quando eu abraçava a mãe dela. Foi o meu maior temor no princípio, imaginar como Altan ia admitir as coisas novas. Mas eu devia ter aspecto confiável, ela me aceitou imediatamente como pai. Não só biológico, mas pai.

Sorte dela, tinha dois pais verdadeiros.

Foi o que me disse uma noite, estávamos nós sozinhos sentados na varanda de um hotel em Nápoles, olhando o mar coalhado de luzes dos veleiros e iates milionários.

– Há muita gente que nunca conheceu o pai, eu porém tenho muita sorte, arranjei dois. Não te importas, pois não?

Várias vezes lhe disse, não me importo, antes fico contente pois te faltei durante demasiado tempo e felizmente te encontraram outro.

– Não foi culpa tua, todos sabemos agora, e eu só fico a ganhar com isto tudo – repetiu ela.

Nem um reparo aos anos da meninice em que cresceu só com mãe, o que é muito complicado por vezes. Nem um reparo nem um queixume. Nem sequer raiva em relação ao avô ministro, verdadeiro culpado da situação. Altan tinha herdado a força da mãe criadora de cavalos, senhora da estepe que não admite queixas nem gemidos.

Tirámos fotografias desse tempo em que os filhos de um e de outro com respectivas proles estiveram reunidos em férias na Itália. Fotografias que agora preenchem vazios.

E voltámos, apaziguados, para Angola.

Só então Sarangerel contou a verdade sobre a sua separação. Nem tinha sido tão fácil como me parecia, nem o marido tão compreensivo. Nem sempre as minhas intuições são falsas, afinal. Em Cuba, quando ela lhe disse, encontrei a camarada Esmeralda que me informou sobre o Júlio, e lhe explicou das minhas insistências em saber dela, o marido ficou a roer as unhas. Se percebia, ele estava nervoso, querendo saber mais, mas manteve o mutismo. Ela só contou isso, não voltou a insistir. Mas a casa não era a mesma, pesava sobre ela algum espírito maligno, uma má vontade permanente. Os risos desapareceram, as respostas desabridas se sucediam. Ela não tinha feito nada de mal nem sequer pusera em questão o casamento. Mas o marido adivinhava e o humor mudou. Tinha ciúmes. Não dava para os expressar, apenas senti-los e engolir.

As mulheres são consideradas as intuitivas, mas muitas vezes os homens também adivinham, fingem é que não.

Quando eu apareci na casa dela, em Havana, o mundo lhe caiu em cima da cabeça e ao mesmo tempo o céu se abriu em luares azuis. Percebeu, nada estava terminado. No entanto, era toda a sua vida que fugia pela janela, o passado varrendo tudo à sua passagem. E por isso me mentiu. Não era verdade que tinha conversado com o marido, não era verdade que o marido quisesse me conhecer. Ela forçou o destino, me convidando para almoçar no dia seguinte. Contou à tarde ao marido e este berrou como um urso ao cair numa armadilha. A exigência dele era simples e decisiva. Ela devia telefonar a anular o almoço, nunca se sentaria à mesa comigo. Ela usou então o mesmo argumento que para comigo. Gente civilizada discute os mambos. Anular o almoço era uma prova de fraqueza por parte dele, inconcebível para um embaixador de carreira. Ele amansou, reflectiu, finalmente aceitou.

O almoço correu melhor do que ela podia desejar, apertando as mãos para esconder os tremores, falando o mínimo pois a voz podia trair a sua emoção contida. A todo o momento pensava, o Júlio está enganado sobre a boa vontade do meu marido, vai dizer alguma coisa e tudo rebenta no ar. Por isso conseguiu ajudar o embaixador na sua tarefa de manter uma conversa o mais impessoal possível. Correu bem o almoço, ninguém discutiu futuros, cada um com a sua ideia diferente e os mal-entendidos. Por isso a despedida foi amistosa. O marido achava, Júlio regressa definitivamente para Angola e acabou o pesadelo, a vida volta à normalidade. Eu partia de casa, desorientado, mas também considerando ser apenas uma página virada na vida dela. E ela montava a jogada.

Ao me telefonar, anunciando a viagem a Angola, não tinha sequer falado com o marido. Precisava de trabalhar a cabeça dele, mas com tempo e paciência. Mas não me podia deixar ir sem uma esperança. Mais, ao telefonar, tinha dado mais, tinha prometido uma vida. Depois se arrependeu de tanta certeza. No entanto, a decisão estava tomada e ao me comunicar se tornara irrevogável.

Discutiu então com o marido os termos da separação. Ele foi apanhado de surpresa, realmente pensava ser assunto arrumado. Fez chantagem, que a proibia de voltar a ver os filhos, que podia remover montanhas para a impedir de pôr os pés na Mongólia, rogou, chorou, tudo no meio das piores ameaças. Ela entretanto esperava o visto de entrada em Angola e ia insistindo no jeito particular dela, aos círculos. Finalmente ele cedeu. Era melhor aceitar as coisas a bem do que entrar num processo judicial complicado podendo prejudicá-lo politicamente. Pois ela poderia fazer constar publicamente a cena do rapto em Moscovo e ele aparecer como alguém tendo aproveitado dos métodos totalitários usados antes no país, perdendo assim a imagem positiva que deve ter um embaixador de um país democratizado. Estava armada a ratoeira de Sarangerel. Chantagem dele ameaçando esconder os filhos? Chantagem envenenada dela para retribuir. Ele cedeu, pois, pela via política. Só então ela contou os seus planos aos filhos, os quais logicamente se revoltaram no princípio. Ela primeiro foi aos Estados Unidos e convenceu dificilmente o filho. Em longos telefonemas, obteve o mesmo da filha. Quanto a Altan, foi mais fácil, um só telefonema bastou, pois já antes lhe tinha podido explicar que afinal eu existia. Se existia, teria de entrar na vida delas, pelo menos na de Altan, mais cedo ou mais tarde.

Esta era a verdade.

Hesitou em ma contar e até ficou admirada por eu ter acreditado piamente na extraordinária boa vontade do marido. Hoje, até compreendo que ele aceitou, mesmo assim, com relativa facilidade, outro tipo teria reagido muito mais violentamente, conheço os homens despeitados. É verdade que ele era político ou aspirava a uma carreira política. Nestes casos, vale mais a perspectiva de carreira que uma mulher. Sendo embaixador ou mesmo ministro, arranjaria outra mulher mais nova com relativa facilidade, pensamento de político. Oh, conheço o género, seja europeu, africano ou mongol.

Entretanto tinha acabado definitivamente a guerra, aquela que eu tinha previsto estar ganha há muito tempo e só o seu fantasma ainda estrebuchar em resistências inúteis, pela vontade doentia de um aprendiz de ditador e seus temerosos serviçais. O fantasma se aquietou um dia e o silêncio da paz caiu de repente sobre a terra martirizada. O que também não deixava de ser estranho, pela surpresa da novidade. Mas nos habituámos rapidamente. Se fomos capazes de nos habituar a uma guerra quase eterna, porque não nos habituaríamos ao silêncio da paz? Os ouvidos dos militares foram os primeiros a se adaptarem ao parar dos tiros e bombardeamentos, o resto seguiu depois.

Os ouvidos militares adivinham melhor os silêncios.

Já antes o país estava agitado em crescimento e tráficos de todo o género. Mas depois da guerra explodiu em empreendimentos, legais ou nem tanto. A paz atraiu muita gente e negócios. Para minha surpresa e deleite, caiu um dia lá em casa o Moussa, amigo senegalês com quem estudara língua russa em Moscovo e que considerava perdido para sempre. O engenheiro electrotécnico era dono da sua própria empresa, embora pequena, e tinha vindo com uma equipa propor um negócio. Perguntou por mim aos seus interlocutores locais e acabaram por lhe indicar o meu endereço, mas só na véspera da partida. Ficou feliz ao saber da minha estória e de Sarangerel.

– Lutámos para vos reunir mas falhámos em Moscovo. Felizmente conseguiram.

– Só agora, Moussa, só agora.

Ficou para jantar, evidentemente. Falámos a noite toda, só os três. Como ele casou com uma russa, continuava à vontade na língua. O mais perro dos três era eu, apesar de algum contacto com os assessores soviéticos primeiro, russos depois. Com Sarangerel cada vez menos, à medida que o português dela melhorava. Havia muita informação a partilhar entre os três e Moussa partia no dia seguinte, por isso só nos despedimos depois de tomarmos o mata-bicho. Entretanto fiquei a saber que ele tinha percorrido uma quantidade de países africanos, sobretudo da zona do Sahel, sempre na mesma firma francesa de electrónica. Ganhou muita experiência na profissão mas se sentia diminuído, humilhado mesmo, pois não podia sequer chegar a director de serviço ou posto equivalente, embora os salários fossem interessantes. Os altos cargos estavam destinados a franceses de raiz, inútil sonhar em subir. Decidiu então arriscar tudo numa empresa com sócios senegaleses, unicamente. Tinham conseguido alguns contratos no seu país e nos vizinhos, agora tentava expandir os negócios. E jogava forte, se afastando decididamente da sua região, porque algo do passado lhe dizia ser Angola uma terra promissora. Era a primeira vez que vinha e estava espantado com a maneira de negociar aqui.

A proposta que trazia era boa, sabia, ele próprio a tinha melhorado lutando muito com os sócios, os quais queriam logo lucrar, enquanto ele achava melhor se implantar com uma actividade útil e barata, sobretudo de forma honesta. Mas as autoridades com quem contactou não mostraram interesse sobre esse assunto, ligado a telecomunicações, Internet e telefonia móvel mais especificamente. Alguém finalmente lhe explicou o mambo. Uns chefões queriam apenas tratar com uma grande empresa multinacional, pagando suculentas comissões aos indígenas com poder político, inflacionando os custos orçamentados das operações e lucrando todos, em detrimento do Estado angolano. Contra tubarões desses ele não podia lutar e voltava para o Senegal, triste com uma experiência fracassada. Falámos muito sobre casos como esse, acontecendo um pouco por toda a África. Moussa era da minha opinião, era mais difícil ver duas empresas africanas cooperarem do que uma africana com uma europeia, o mesmo se passando com os Estados africanos entre si.

– Pobre África, viramos as costas uns aos outros e quem lucra é o antigo colonizador.

Tentei animá-lo a experimentar mais uma vez, talvez mais tarde, eu poderia apresentar-lhe gente um pouco mais séria, quem sabe! Ele sempre tinha sido bem-educado e condescendeu. Mas percebi, era apenas para não me entristecer. Também me anunciou ter voltado à sua antiga religião, mas deixando a mulher e filhos crerem no que quisessem.

– Sou um muçulmano liberal, tu sabes. Portanto, sou o único muçulmano lá de casa...

Eu conhecia o seu grande coração, por isso acreditava, ele nunca imporia as suas crenças ou ideias aos outros, mesmo sendo filhos. Nos despedimos com lágrimas nos olhos, até Sarangerel que só o vira uma vez em Moscovo em circunstâncias dramáticas, mas o conhecia profundamente das minhas recordações.

No ano seguinte, a família de Sarangerel, e agora também minha, chegou para a visita combinada a Angola. Vimos então algum país. Andámos um pouco para norte, onde Cabinda nunca podia faltar com o meu amado Mayombe sempre pujante, parecendo respirar profundamente embebido em névoas e humidades, e depois fomos para leste, visitar chanas alagadas e rios tranquilos passando no meio delas, até terminarmos no Sul, no meu berço, a Serra da Chela. Ainda era complicado viajar de carro por todos esses sítios, com estradas esburacadas ou camufladas pela força da natureza entregue a si própria e pontes destruídas pela guerra. Usámos portanto muitas vezes o avião.

Fizemos um grande almoço na casa onde nasci, unindo as duas famílias. E em seguida fomos em procissão visitar a Tundavala e o campo das estátuas de pedra, terrenos preferidos da minha meninice. Altan, a quem eu tanto falara sobre as paisagens, aprovou depois da visita, isso sim, foi uma infância feliz.

Os parentes de Sarangerel estavam encantados com o vigor e exuberância da terra e a variedade das paisagens, pois se podia passar na mesma jornada da mais densa floresta tropical para a estepe e o deserto semelhantes aos da pátria deles. Claro, nas faces dos nossos filhos notávamos por vezes também a contrariedade da descoberta da miséria humana elevada ao máximo dos expoentes. De gente sem pernas por causa das minas vivendo em aldeias quase abandonadas. De crianças indo descalças pelas avenidas e com ventres inchados pela fome e os vermes. De velhos decrépitos e seminus vagando pelos vazios da existência. De lixos fétidos percorrendo ruas. De doenças se propagando pelos rios e ares contaminados. Tentámos explicar o que significava tudo isso para um país demasiado tempo se autodestroçando, enquanto alguns poucos privilegiados se opulentavam pornograficamente e sem vergonha ou remorsos. Espero, entenderam o essencial. Eram pelo menos muito bem-educados e não faziam os ares superiores de alguns europeus nos visitando e só faltando porem máscaras nos narizes para não cheirarem os nossos males. Eles ao menos respiravam e tinham a honestidade de dizer, que fedor! Conheci francesas que usavam lenços com perfume e diziam *quelle merveille, je suis ravie de connaître un vrai pays africain.*[*] Só faltava gabarem a qualidade do ar, tão puro afinal, depois de passarem nos seus filtros. Os nossos filhos e netos não, tinham a frontalidade da juventude sem complexos e diziam o que pensavam. Felicitei Sarangerel pela educação que lhes dera. Ele também ajudou muito, me disse ela com toda a simplicidade, se referindo ao ex-marido embaixador. E não senti ciúme, apenas um mudo agradecimento a um homem que tinha sabido ser o pai que não fui. Que não me deixaram ser. Nesse momento percebi ter deixado de vez os ressentimentos, agora despropositados, e aceitei plenamente o passado de Sarangerel. Nem sempre é fácil aceitar o partilhado passado de outrem. Estava aquietado.

Também eu finalmente em paz.

Ele já não contemplava o futuro ao longe
Ansiando por sua chegada
Tinha o futuro na palma da mão e apertava-a.
Nem as pombas escapam de mão bem apertada
Pombas brancas, bem entendido.

Deixei o emprego, para tristeza dos meus patrões e amigos, os quais contavam comigo para aumentarem os seus negócios. Propuseram uma mudança, apenas meio tempo e mesmo salário, com muitas conversas de convencimento. A minha decisão, porém, era irreversível. Só me restava tempo para Sarangerel e

* Que maravilha, estou encantada de conhecer um verdadeiro país africano. (N. E. P.)

possuía dinheiro suficiente para manter o nosso nível de vida, modesto mas digno. Sabia, os dois exigíamos pouco e a reforma como militar, acrescida da pensão de antigo combatente, bastava e sobrava para vivermos como gostávamos. Só uma coisa me faltava, tempo. A dor nas costas era um aviso, urgia viver.

Passado o terceiro ano de vida em comum, o qual voava como o tempo que os jovens desconseguem de dominar, me obriguei a uma consulta no Hospital Militar por causa da dor aparecida nas costas tempos antes, me parecendo ser o momento de enfrentar também essa verdade mal escondida. Vários companheiros sentiam o mesmo tipo de dor, por nós atribuída a lesões na coluna vertebral, lesões aliás confirmadas pelas radiografias. De facto, tinham sido muitos anos a marchar e saltar com mochilas pesando trinta quilos, isto na altura da guerrilha. Depois, durante a guerra civil, foram muitos quilómetros de jipe ou camião em más estradas, quando não era apenas por mato sem picada. As costas se ressentiam dos esforços exagerados. Ultimamente a dor tinha aumentado, já não era aquele sinal de companheirismo vindo de um passado orgulhoso. Por isso me decidi a consultar um médico amigo, sem nada dizer a Sarangerel.

Muito rapidamente e com poucos exames, pois as condições técnicas eram deficientes, o médico-chefe chegou a uma conclusão. Era camarada dos tempos da guerra, habituado às ordens e falas cruas, não esteve com meias medidas, disparou como um canhão B10, tens um cancro muito avançado.

Estava relativamente preparado para coisa parecida, aquela dor contínua não anunciava nada de bom, há tempos me parecia mais do que reflexos da coluna queixosa. Mas, mesmo assim, a notícia foi uma tremenda pedrada na cabeça. Todos no fundo contamos com passes de mágica em momentos difíceis, ou no acordar seguinte a um pesadelo. Não era pesadelo, não precisava de acordar, só tinha de me controlar. Chamei em meu socorro todos os espíritos conhecidos e suportei o choque sem denotar que me enfraqueciam as pernas, me secava a garganta e o cérebro ameaçava desfalecer. Num esforço de manter dignidade, pedi segredo ao médico, como lhe competia. Ele insistiu, vai ao estrangeiro fazer mais exames e um tratamento, não temos condições no país para combater isso. Segundo ele, e eu não tinha razões para duvidar, a doença começara num pulmão mas estava espalhada por outros órgãos.

– Os dois sabemos o significado e como isto acaba, portanto para que me estás a aldrabar? – critiquei.

O médico baixou os olhos, petrificado com a minha clarividência. Já vos expliquei, às vezes eu era muito rápido. O companheiro não disse, mas o seu silêncio indicava, me concedia alguma razão.

– Dá-me masé qualquer coisa forte para as dores e deixa o resto comigo – insisti.

Ele forçou-se a repetir, no estrangeiro talvez... Sabia perfeitamente não me poder convencer, mas lhe competia tentar alguma esperança. Quase lhe arranquei os analgésicos e fui para casa, tinha estado uma manhã inteira no hospital, longe de Sarangerel. Ausência demasiado grande, demasiado pesada.

Não era fácil esconder as dores. Sempre fui estóico e os comprimidos ajudavam. O problema principal não eram as dores, coisa que temos sempre no decorrer da existência, até a dormir, e nem notamos. Ou esquecemos facilmente. O problema era a fraqueza que por vezes me dava e tinha dificuldade em esconder. Sorria quando me doíam as costas ou o peito, sorriso disfarçando a careta. Mas o que fazer quando tropeçava ou empalidecia? Sarangerel se inquietava, estás bem? E eu rindo, claro que sim, olha, vamos à ponta da Ilha beber um copo. A qualquer hora do dia ou da noite, pois o relógio deixara de marcar os nossos passos, atravessávamos a cidade para ir a uma esplanada de praia sorver uma caipirinha ou uma cerveja. Aí diferíamos. Nunca consegui fazer Sarangerel apreciar cerveja gelada, gostava dela ao natural, como os ingleses ou alemães. E nós só a bebemos próxima do grau zero. Ríamos dessa diferença permanente e intransponível. E fazíamos as pazes em seguida com um mojito cubano ou uma vodka gelada, terreno de preferência comum.

Quando fui parar ao hospital, pela primeira vez levado por uma ambulância, por me encontrarem inconsciente no chão da sala, o médico-chefe falhou à palavra dada e contou a verdade do meu estado a Sarangerel, sem muitos rodeios nem paninhos quentes. Ela esperou que me recompusesse para puxar a discussão, a zanga fingida tentando ocultar o desespero.

– Porque me escondeste isso? Não tinha o direito de saber?

Apesar de pertencer à agreste estepe mongol, desconseguia de reter as lágrimas nos olhos. E as recriminações saíam forçadas, fruto de um pacto social mas não sentido.

– Tens razão em estar chateada. Reconheço e peço perdão. Mas temos tão pouco tempo juntos, para quê estragar o que nos resta com preocupações e tratamentos demoradíssimos? Ainda não há milagres comprovados e a cura neste estado da ciência é impossível, o médico é o primeiro a reconhecer. Sabia, mesmo antes de me terem dito, pode ser questão de meses ou dias. Ia gastar essa eternidade num hospital, talvez longe de ti? Era a imagem que ficava para ti dos nossos últimos tempos em conjunto? A das paredes brancas de um hospital e de uma cama com tubos pendurados e eu a definhar? Não, assim é melhor.

Ela chorava.

– Vamos aproveitar o tempo que nos resta. Os comprimidos tiram-me as dores. Quando acabar, acabou. Mas viveremos bem nem que sejam dois dias.

Ela chorava, mas dizia com a cabeça que sim, ia fazer mais como então? Compreendia.

Quem não compreenderia?

O tempo restante foi complacente, talvez por influência dos espíritos libertados da Mapunda ou do campo das estátuas, não houve muitas dores nem desfalecimentos, apenas uma ou outra fraqueza, que já não procurava esconder. Vivíamos juntos, vivíamos felizes. Altan ainda veio visitar-nos mais uma vez, mas sozinha. Era a despedida do pai que teve por tão pouco tempo. Fizemos os possíveis por nos divertir, fruindo a magia de cada instante. Altan regressou à Mongólia e ficámos de novo os dois, desfrutando da presença do outro. Isso nos bastava.

Não era tanto?

EPÍLOGO

Tive uma infância feliz, livre. Vivi. Tive uma juventude de luta por nobres ideias, persegui sonhos, vivi uma revolução empolgante. Tive um grande amor e desfrutei dele até mo impedirem. Quando a pretensa revolução desmoronou, assistindo eu a toda a espécie de oportunismos, de ambições escondidas, de traições, a esperança louca nesse amor me deu força de desejar sobreviver, diferentemente de alguns homens bons que preferiram deixar-se morrer ou mesmo cometer o suicídio. E vivi os últimos quatro anos com Sarangerel, o amor da minha vida. Não me posso queixar. Outros, morrendo aos noventa anos, viveram muito menos, sem o saberem.

Foi o que lhe quis dizer quando me pegou pela última vez na mão. Mas eu já não tinha força para falar. Só os olhos. Com os olhos lhe disse tudo e ela percebeu. Sempre soube ler os meus olhos azuis. Deixei-a com os olhos, os quais ficaram definitivamente parados no rosto redondo dela, rosto de Lua Cheia.

São estórias que poderia contar vezes sem conta, como nas fogueiras de guerrilheiros. Talvez um dia o faça a quem souber ouvir vozes vagueantes por aí. Entretanto, deambulo em novas viagens. Etereamente. Agora sobre a Serra da Chela. Podia ir visitar as estepes da Mongólia, ou as montanhas Altai. Ou até planar sobre as ilhas do Pacífico. Mas não me apetece. Prefiro o Planalto a partir da Chela, as rochas de muitas cores, as falésias e suas cascatas, o verde dos prados, o campo das estátuas, o milho ondulando, as árvores retorcidas pelo vento. E pairar sobre a gigantesca fenda da Tundavala, fenda que aponta o deserto. E o mar. E aponta o Sul, o grande Sul. O Sul da minha vida.

Dezembro de 2008
Pepetela

Este livro foi composto
em Jenson para a Leya em
novembro de 2009.